THE
GENIUS

Appunti sparsi dopo la visione di
6 capolavori di Ingmar Bergman

Salvatore M. Ruggiero

a tutti quelli che hanno amato Ingmar Bergman e il
suo cinema: in una parola i veri bergmaniani.

"Ho il talento d'immaginarmi la maggior parte delle situazioni della vita: lascio agire la mia intuizione, la mia fantasia, i sentimenti giusti fluiscono, danno colori e profondità. Eppure mi manca il mezzo per immaginarmi l'istante della separazione. Siccome non posso né voglio immaginarmi un'altra vita, una sorta di vita dall'altra parte del confine, la prospettiva è agghiacciante. Vengo trasformato da qualcuno in nessuno. Questo nessuno non conserva nemmeno la memoria di un'intimità. Mi sembra di intuire quel che m'aspetta".

(Ingmar Bergman)

IL SETTIMO SIGILLO

(1957)

Titolo originale: *Det sjunde inseglet*

Titolo in inglese: *The seventh sealt*

"Il settimo sigillo (n.d.A.) ...*è uno dei pochi film che mi stiano veramente a cuore, ma non so perché. Non si tratta, infatti, di un'opera priva di pecche. Viene fatta funzionare grazie ad alcune pazzie, e si intravede che è stata realizzata in fretta. Non credo però che sia un film nevrotico; è vitale ed energico. Inoltre, elabora il suo tema con desiderio e passione. A distanza di più di mezzo secolo mantiene intatta tutta la sua forza visiva ed espressiva ed è ancora capace di calamitare l'attenzione degli spettatori: nuovi o vecchi che siano. È una delle ultime espressioni di fede, delle idee che avevo ereditato da mio padre e che portavo con me fin dall'infanzia*".

(Ingmar Bergman, *Lanterna magica*)

PRESENTAZIONE

Nel 1957 Ingmar Bergman, a solo qualche mese di distanza l'uno dall'altro, dirige due film che lasceranno un segno profondo e indelebile nella storia della cinematografia; gli attribuiranno una fama imperitura; gli regaleranno la ricchezza definitiva; gli assegneranno un posto di assoluto prestigio nel *Pantheon* del cinema mondiale: *Il settimo sigillo* e *Il posto delle fragole*.[1]

Due film formalmente diversi, ma che, sostanzialmente, mostrano, tra loro, delle notevoli analogie.

- Il tema della morte;
- il nome uguale delle mogli dei due protagonisti: Karin;
- le fragole;
- il tema dell'esistenza di Dio;
- sono entrambi una specie di *road-movie;*
- in entrambi l'azione si svolge nell'arco di una sola giornata;
- in entrambi il filo conduttore del protagonista è dare un senso alla propria vita;
- in entrambi c'è un aperto richiamo, anzi un omaggio al maestro Viktor Sjostrom e al suo *Korkarlen*[2]*:* nel primo il carro degli attori; nel secondo il carro funebre del sogno, nel prologo;
- in entrambi è possibile una identificazione personale di Ingmar Bergman con ciascuno dei personaggi principali;
- in entrambi è possibile rintracciare la chiave della drammaturgia e della prosa di un altro maestro di Bergman, August Strindberg per il quale

---

1 Titoli originali: *Det sjunde inseglet* e *Smulltronstallet.*
2 Film muto del Maestro Viktor Sjostrom del 1921.

l'autobiografismo costituisce la forma alta di
letteratura.
- In entrambi uno dei temi centrali è costituito dai
rapporti interfamigliari e interpersonali.

Il titolo del film: *Il settimo sigillo*, Premio Speciale della Giuria
al Festival di Cannes del 1957, prende il nome dai sette sigilli -
dei quali essendo il settimo è anche l'ultimo - che, secondo
l'Apocalisse di San Giovanni, impediscono la lettura del libro
tenuto in mano da Dio. Peraltro, lo scritto tenuto in mano da
Dio non era un libro o un codice rilegato, ma un rotolo di
papiro, chiuso appunto da sette sigilli. Sette sigilli; sette angeli;
sette trombe; sette candelabri; sette partecipanti alla danza
macabra finale. Insomma, il sette come numero misterico,
magico ed emblematico.

La morte gioca a scacchi col crociato.

LA GENESI DE
IL SETTIMO SIGILLO

Da dove e, soprattutto, quando nasce in Ingmar Bergman il disegno di girare uno dei suoi capolavori immortali?
Da dove nasce l'idea, il soggetto originale, di questo film tanto singolare e ambientato in epoca medievale, entrambi così cari a Bergman?[3] Lo stesso Bergman parla diffusamente e in diverse occasioni della genesi de *Il settimo sigillo*.
1 - Lo fa ad esempio quando ci parla, anzi, scrive, della nascita di un piccolo dramma precedente, *Pittura su legno*, un *settimo*

---

3   *"E' un film disuguale, cui tengo molto perché venne girato con mezzi poverissimi, facendo appello alla vitalità e all'amore. Nel bosco notturno dove viene bruciata la strega si intravedono tra gli alberi le finestre delle case di Rasunda."* (Ingmar Bergman, *Lanterna Magica*)

sigillo in nuce, scritto in pochi pomeriggi, in un atto unico della durata di una cinquantina di minuti, preparato nel 1954, per la Scuola d'Arte Drammatica di Malmoe, presso la quale insegnava. *"Per alcuni anni insegnai alla scuola d'Arte Drammatica di Malmoe. Una volta dovevamo preparare un saggio ma non sapevamo cosa rappresentare. Mi vennero allora in mente le chiese della mia infanzia con tutte le loro immagini. In pochi pomeriggi scrissi un breve dramma che intitolai* Pittura su legno *e che aveva parti per tutti gli allievi.* Pittura su legno *si trasformò a poco a poco nel* Settimo sigillo.*"*[4]

2 - In un'altra occasione parla e scrive delle numerose e ormai famose chiese visitate nella sua infanzia e della curiosità che la visione delle immagini sacre che ne affrescavano le pareti creavano in lui. Bisogna andare un po' indietro nel tempo, ed esattamente negli anni '30, quando il Maestro, appena ragazzino, seguiva il padre che usava portarlo con se in bicicletta, nelle sue funzioni itineranti, in tutte le piccole chiese di campagna, nel circondario di Uppsala e Stoccolma.

Molto interessante per penetrare nell'ambientazione livida[5] del periodo più buio del medio-evo, e anche per la più esatta comprensione delle tematiche del film, risulta ciò che lo stesso Ingmar Bergman, in uno straordinario racconto autobiografico, narra dell'ispirazione del suo lavoro, avuta fin da bambino e coltivata fino alla realizzazione, avvenuta 30 anni dopo l'ideazione.

"Qualche volta, da bambino, mi fu permesso di accompagnare mio padre al lavoro. Predicava nelle piccole chiese dei paesi intorno a Stoccolma. Erano viaggi festosi e festivi, fatti in

---

4   Ingmar Bergman, *Lanterna magica*.
5   Sapientemente oltreché perfettamente fotografato dal direttore Gunnar Fischer.

9

bicicletta attraverso un panorama primaverile. Mio padre mi insegnava i nomi di fiori, degli alberi e degli uccelli. Passavo il giorno senza essere disturbato dal mondo intorno a me. Per un piccolo il sermone è soltanto una questione da adulti. Mentre mio padre predicava dal pulpito e la congregazione pregava e cantava anch'essa, io dedicavo, invece, il mio interesse al mondo misterioso della chiesa fatta di archi bassi e muri spessi. Ero rapito dall'eternità. La luce del sole colorata vibrava sopra i dipinti medievali e le figure intagliate su muri e soffitti. C'era tutto quello che una fervida immaginazione poteva desiderare: angeli, santi, dragoni, profeti, diavoli, creature umane. C'erano animali che incutevano molta paura: serpenti in Paradiso, l'asino di Balaam, la balena di Jonah, l'aquila della Rivelazione. Tutto circondato da un panorama paradisiaco, insieme terreno e sotterraneo, fatto di uno strano miscuglio eppure dalla familiare bellezza. Su uno scranno sedeva la Morte, che giocava agli scacchi con un Crociato. La stessa Morte che afferrava il ramo di un albero, dove era seduto un uomo nudo con occhi sbarrati. Ancora, attraverso dolci colline la Morte conduceva il ballo finale verso le terre che ci sono oscure. In un altro arco la Vergine Santa entrava in un giardino rosa, sostenendo i passi esitanti del Bambino e le sue mani erano quelle della donna di un contadino. La sua faccia era grave e gli uccelli starnazzavano intorno alla sua testa. I pittori medievali avevano ritratto tutto questo con grande tenerezza, abilità e gioia. Tutto questo mi aveva trasportato in un modo spontaneo ed allettante, e quel mondo divenne davvero come il mondo di ogni giorno con mio Padre, mia Madre e fratelli e sorelle. D'altra parte mi difendevo contro il dramma ritratto sul crocifissione nel coro e nel presbiterio. La mia mente fu sopraffatta dalla crudeltà e dalla sofferenza estrema di quella scena. Fino a quando molto più tardi fede e dubbio sono diventati i miei compagni di viaggio. Era ovvio che finissi per dare forma alle esperienze della mia infanzia. Vi sono stato, quasi, costretto, per esprimere il dilemma universale. La mia intenzione è sempre stata dipingere nello stesso modo del pittore di quella chiesa medievale[6], con lo stesso interesse obiettivo, con la stessa tenerezza e gioia. La risata degli esseri umani, il loro pianto, l'ululato della paura, i giochi, la sofferenza, il loro terrore della piaga, del giorno del Giudizio universale, della stella il cui nome è Assenzio. La nostra paura può essere di generi diversi, ma le parole per descriverla sono le stesse, ...e i nostri quesiti universali permangono. La nostra domanda rimane".[7]

E' evidente come le immagini rubate in quelle chiese: la Vergine Santa che sostiene i passi esitanti di un bambino su un prato; il pittore che affresca con scene che incutono terrore ai fedeli i muri della chiesa; la Morte che sega il ramo dell'albero sul quale si è rifugiato un viandante per la notte; la Morte che gioca a scacchi col crociato, diventeranno altrettante scene del suo film.

3 - Il terzo passo verso la costruzione de *Il settimo sigillo* lo racconta ancora Ingmar Bergman nel suo libro-diario *Immagini*[8]. *"Mi ero procurato un gigantesco radiogrammofono e mi ero comperato i* Carmina Burana *di* Carl Orff *nell'esecuzione di* Ferenc Fricsay. *Ero solito fare un po' di fracasso con* Orff *al mattino, prima di andare a dirigere le prove. (...) E così un giorno, mentre ascoltavo il coro finale dei* Carmina Burana, *mi venne in mente che questo avrebbe potuto essere l'oggetto del mio prossimo film."* Un paio d'anni dopo,

---

6   Pittore che ispira a Bergman il personaggio di Albertus Pintor.
7   Dal sito *Bergmanorama*.
8   Interpretato da Gunnar Olsson.

11

proprio riascoltando i *Carmina Burana* di Orff, Bergman ebbe l'idea di trasformare il dramma *Pittura su legno* in un film e di scrivere, quindi, la sceneggiatura de *Il settimo sigillo*. Ma del suo piccolo dramma giovanile, nel film, è rimasto poco, come lo stesso Ingmar Bergman confesserà in seguito. *"Pensai anche di basarmi su* Pittura su legno. *Ma alla fine* Pittura su legno *servì a poco.* Il settimo sigillo *prese un'altra direzione e divenne una specie di* road movie *capace di muoversi senza imbarazzo attraverso il tempo e lo spazio. Fa i suoi giri e ne è responsabile"*.[9]

4 - Il quarto passo è costituito dalla notizia storica, che Ingmar Bergman certamente conosceva, della disastrosa epidemia di peste bubbonica che alla metà del XIV° sec. distrusse un terzo dell'intera popolazione della Svezia.

Fu denominata anche la Peste nera (o Grande morte o Morte nera). Questi sono i termini con i quali ci si riferisce normalmente alla vera e propria piaga biblica che imperversò in tutta l'Europa tra il 1347 e 1353 uccidendo almeno un terzo della popolazione del continente. Le stime più attendibili riferiscono di 20 milioni di morti su 60 milioni di abitanti in tutto il continente.[10] In alcune zone d'Europa i decessi raggiunsero il 50% della popolazione. Epidemie identiche scoppiarono contemporaneamente anche in Asia e nel vicino Oriente, il che fa supporre che l'epidemia europea fosse solo una parte di una più ampia pandemia.

5 - Il quinto ed ultimo passo verso la realizzazione del *Settimo Sigillo* ha a che fare con la venerazione che Ingmar Bergman ha per August Strindberg e per il suo teatro. Tra i drammi del suo maestro ce n'è uno che si chiama appunto *Danza di morte*

---

9   Ingmar Bergman, *Immagini.*
10 *"La morte falcia gli uomini come grano maturo."* Antonius Block a Mia
    ne *Il settimo sigillo.*

che Bergman ha rappresentato più volte nel corso della sua carriera di direttore artistico e regista teatrale.[11]

Ingmar Bergman, quindi, termina nel 1955 la stesura della sceneggiatura e la sottopone alla *Svensk Filmindustri* per la quale lavora, ma sulle prime la sceneggiatura viene rifiutata in tutti i modi. Il produttore non volle assolutamente saperne. Si convinse a finanziare il film solo un anno dopo, nel 1956, in seguito al grande successo che un altro bel film di Ingmar Bergman ebbe al Festival di Cannes: *Sorrisi di una notte d'estate*.[12]

Ma accettò, comunque con riserva, raccomandandosi col regista di far durare le riprese non più di un mese. E così fu. Alla fine il film fu realizzato, fu presentato e riscosse un grandissimo successo di pubblico e di critica, regalando a Ingmar Bergman una fama imperitura.

"In seguito Il settimo sigillo *attraversò il mondo come un incendio. Incontrai forti reazioni da parte di persone che avvertivano come il film centrasse le loro scissioni intime e la loro angoscia. Ma la festa della prima non la dimenticherò mai."*[13]

Il film fu girato, in parte a Hovs Hallar, nella riserva naturale di Scane, dove in seguito si tennero le riprese, a cura dello stesso regista, del film *L'ora del lupo*[14]; in parte negli atri del Castello Reale di Rasunda[15]; in parte nella Città del cinema.

---

11 *"Venerdì 30 Gennaio 1976 riprendiamo le prove della* Danza della morte *di Strindberg."* (Ingmar Bergman, *Lanterna magica*)

12 Titolo originale: *Sommarnattens leende*, 1955. Con Eva Dahlbeck, Ulla Jacobsson, Gunnar Bjornstrand, Harriet Andersson, Bibi Andersson. La migliore commedia del Maestro, un capolavoro.

13 Ingmar Bergman, *Immagini*.

14 *Vargtimmen, 1968.*

15 *"La scena finale con la Morte, che danza allontanandosi coi viandanti, fu girata negli atri del Cortile Reale.* (Ingmar Bergman, *Immagini*)

13

Ingmar Bergman si definisce un ateo-cristiano[16]. Non crede[17]. Ma valuta molto positivamente il Cristo[18] come personaggio storico, fondamentale per la costruzione dell'intera cultura umanistica occidentale.[19]

"Le uniche alternative all'inferno in terra sono la fede in Dio o il suicidio. Ma Dio è morto, oppure è ridotto al silenzio, il che è lo stesso." Si sente in questa affermazione di Ingmar Bergman tutto l'influsso nichilistico della filosofia nietzschiana.[20]

Come affermato e scritto in altre sedi Ingmar Bergman nei suoi film si pone delle domande sulla trascendenza e su Dio, le pone anche allo spettatore, ma non da risposte, tanto meno definitive.

Esiste un Dio? Esiste un aldilà e una vita ultraterrena? Esiste

---

16 *"Veramente io non credo in Dio, ma la faccenda non è così semplice, tutti portiamo un Dio dentro noi stessi, tutto forma una trama che ci pare a volte di riconoscere, soprattutto al momento della morte."* (Ingmar Bergman, *Lanterna magica*)

17 *" Non appartengo a nessuna religione, non ho mai avuto bisogno di nessun Dio, o salvazione, o vita eterna: io sono il mio Dio, provvedo io stesso a contornarmi d' angeli e demoni, vivo su una spiaggia pietrosa sommersa nelle onde di un mare che mi protegge."* (Ingmar Bergman)

18 *"Per me Gesù Cristo rimane sempre l'incontestabile difensore della vita, di tutte le cose viventi, della vita spirituale. Egli appare in un mondo di legge, legalità, vuoto, paura, odio e disperazione mortale. Comprendo la santità di Gesù, col sentimento, non con la mia ragione. Per me Gesù è un essere umano che parla ad altri esseri umani e che vive e muore nel mondo dell'uomo. Solo in questo modo lo sento vicino e solo in questo modo posso capire cosa dice."* (Ingmar Bergman)

19 *"L'uomo è portatore della sua propria santità che però ha luogo su questa terra, senza alcun bisogno di spiegazioni ultraterrene."* (Ingmar Bergman, *Immagini*)

20 Come spiega il filosofo Emanuele Severino: *"Il nostro è il tempo della morte di Dio. Nietzsche afferma che dio è morto; l'uomo lo ha ucciso dentro di se."*

14

una salvezza per l'uomo, dopo la morte?
In questo film la risposta alla domanda del cavaliere Antonius Block: dov'è Dio? Di nietzschiana memoria,[21] è solo abbozzata, solo adombrata e la salvezza sembra essere appannaggio dei semplici, dei puri, degli ingenui. Non a caso si salvano dall'abbraccio mortale (anche se solo momentaneamente) la famiglia dei saltimbanchi e la moglie del cavaliere Block, Karin, che legge passi dell'Apocalisse e stranamente non prende parte alla danza macabra finale. Mentre non si pone affatto il problema lo scudiero filosofo Jons che pare la perfetta incarnazione del *"superuomo"* nietzschiano.[22]
Il settimo sigillo è un film curioso, originale, a suo modo eccentrico, diverso dagli altri di Bergman e da quelli di qualsiasi altro regista, anche dall'altro film dello stesso regista che, almeno teoricamente, come ambientazione e derivazione culturale popolare dovrebbe somigliargli di più: *La fontana della vergine*[23]. E non solo perché è un bel film in costume, ambientato in epoca medievale, che penetra negli occhi, nella mente e nell'immaginario dello spettatore. Ma anche e soprattutto perché si potrebbe definire come una specie di mistero gotico, una sorta di *thriller* dove, però, tutto appare estremamente chiaro fin dall'inizio, fin dalle prime immagini. Dove anche un finale scontato non contribuisce mai ad allentare la tensione narrativa; a sminuire l'interesse dello

---

21 *"Avete sentito di quell'uomo folle che accese una lanterna alla chiara luce del mattino, corse al mercato e si misea gridare incessantemente: Cerco Dio! Cerco Dio!"* (F.Nietzsche, *La gaia scienza*)
22 *"L'uomo liberatosi dalla fede in Dio, capace di vincere l'iniziale angoscia derivata proprio dalla morte di Dio, che ripudia la morale ascetica tradizionale e vive coraggiosamente e intensamente la vita, al di là del bene e del male."*
(F.Nietzsche, *Così parlò Zarathustra*)
23 *Jungfrukallan*, 1960.

spettatore. La Morte vincerà la sua partita a scacchi col cavaliere Antonius Block: nessuno può dubitare di questo, giacché nessuno, *ab ovo,* ha mai vinto una partita con la Morte.[24] Nemmeno il cavaliere che la sfida, in cuor suo pensa di poterla battere, tanto è vero che intraprende il gioco solo perché vuole prendere tempo; ne ha bisogno per risolvere alcune faccende che gli stanno molto a cuore.

L'esistenza di Dio e del diavolo - si sa - non verranno svelate: non dalla Morte che se ne disinteressa, svolge solo il suo lavoro di mietitrice. Non dalla strega, in procinto di andare al rogo e torturata dai soldati, che senza alcuna certezza, sua o degli altri, è accusata di aver intrattenuto rapporti col diavolo.

Nemmeno dalla moglie del cavaliere, Karin che legge brani dell'Apocalisse: mostra di credere profondamente in Dio, di avere fede ed ha già la sua personale risposta a tutte le domande su Dio, sull'aldilà, sulla salvazione eterna.

Bergman era appassionato al teatro di August Strindberg, che considerava suo maestro, come del resto Viktor Sjostrom. Ammirava la sua poetica e la sua drammaturgia, soprattutto considerava *"l'autobiografismo come la forma più alta di letteratura[25]"* e in quasi tutti i suoi film è possibile che lui identifichi alcuni suoi personali caratteri nei caratteri dei suoi personaggi. Nel film *Il settimo sigillo* questa identificazione, al contrario che in altre pellicole, produce uno un vero e proprio sdoppiamento: è possibile, quindi, identificare le diverse caratteristiche personali del regista, da una parte, nel cavaliere Antonius Block dall'altra nello scudiero Jons. Essi rappresentano le due facce della stessa medaglia. Un po' quello che avviene - *mutatis mutandis* - ne *Il posto delle fragole*, dove

---

24 *"Sì, anche questo è vero, come è vero che non ho mai perduto un gioco."* (La Morte nella sceneggiatura de *Il settimo sigillo*)
25 Principio ispiratore della prosa e degli scritti di August Strindberg.

16

a rivestire i panni dell'ateo e del credente che si contrappongono dialogicamente sono i due studenti, spasimanti al seguito della giovane Sara: Victor, razionalista ateo e Anders, credente che aspira a diventare pastore.[26] Block incarna di Ingmar Bergman la parte religiosa, mistica, credente, sebbene alla costante ricerca di prove dell'esistenza di Dio; mentre Jons, ateo dichiarato, razionalista impenitente, ne incarna il pragmatismo, la disillusione, il disincanto, lo scetticismo, nei confronti di qualsiasi forma di trascendenza.

Un rapido accenno alla paura della morte che incombe su quasi tutti i personaggi del film. Anch'essa ha una valenza fortemente biografica. Lo stesso Bergman nel suo libro-diario *Immagini*, proprio in relazione a Il settimo sigillo ne parla così: *"Per quanto mi ricordo avevo un dannato terrore della morte, che durante la pubertà e i primi vent'anni poteva impennarsi sino a farmisi intollerabile."*

Una parola, infine, su almeno cinque dei tanti interpreti (tutti bravissimi) di questo film-capolavoro che tanta parte hanno avuta nel suo successo, insieme al direttore della fotografia Gunnar Fischer e ovviamente al regista e sceneggiatore: Bibi Andersson, nel ruolo di Mia, bella e brava, al suo sfolgorante esordio con Bergman; Max von Sydow, alla sua prima volta nel ruolo di protagonista principale, dipinge perfettamente il cavaliere Antonius Block, con una interpretazione memorabile, degna di un filosofo esistenziale kierkegaardiano; Erland Josephson, addirittura stratosferico nel ruolo di Jons, coprotagonista (quasi sempre al centro della scena) uno scudiero-filosofo di stampo nietzschiano; Bengt Ekerot[27], nel

---

26 Ai due giovani, Sara, in una celebre scena del film si rivolge, dopo un'accesa discussione che ha per tema l'esistenza di Dio, chiedendo: *"Allora, Dio esiste oppure no?"*

27 Partecipò ad un altro film di Bergman: *Il volto* nel 1958. Morì a soli 51 anni.

ruolo della Morte, talmente leggendario da essere fonte di ispirazione in molti film successivi e ancora largamente imitato; Nils Poppe, nel ruolo di Jof, già celebre come attore comico e ambasciatore del cinema svedese.

SINOSSI E DIALOGHI

"Quando l'Agnello aprì il settimo sigillo, nel cielo si fece un silenzio di circa mezz'ora. E vidi i sette angeli che vano dinanzi a Dio, e furono date loro sette trombe." Il film, emblematicamente, si apre con la voce fuori campo che legge un passo dell'Apocalisse e si chiude ancora con la lettura dell'Apocalisse, stavolta da parte di Karin, la bella moglie del cavaliere Antonius Block[28]. Il ricco signore feudale, torna in Danimarca[29], dopo dieci anni di Crociate in Terra Santa. E' stanco e sfiduciato e infastidito dalla vita. Era fervido credente, oggi è assalito e tormentato e roso dal dubbio.[30]

Si è detto da più parti che il cavaliere è alla ricerca della fede. Ma è alla ricerca di Dio, giacché la fede, che costituisce una risposta alla domanda di Dio, egli l'ha esaurita nel lungo periodo delle Crociate; periodo di guerra lungo dieci anni, trascorsi lontano dalla sua terra. A lui la fede non interessa più, come non gli interessa avere ancora fede; a lui interessa, ora, scoprire una risposta esaustiva, definitiva alla domanda più importante, al dubbio più grande: Dio esiste o non esiste?

---

28 Interpretato da Max von Sydow.
29 Contrariamente a quanto comunemente si pensi il film è ambientato non in Svezia ma in Danimarca, nazione della quale vengono citate dagli interpreti due importanti città: Elsinore e Roskilde.
30 *Homo viator* descritto da Bruno Forte ne *Il settimo sigillo di Ingmar Bergman*, nei Quaderni di Studi kierkegaardiani.

Il cavaliere è in compagnia di Jons[31], il suo scettico e disilluso e pragmatico scudiero (*the squire*). Veramente un gran bel personaggio questo scudiero filosofo, tra i più grandi mai creati da Bergman nei suoi film. Ecco un assaggio del Jons-pensiero: *"La mia pancia è tutto il mio mondo, la mia testa la mia eternità, e le mie mani due magnifici soli. Le gambe sono i dannati pendoli del tempo e i miei piedi sporchi i due eccellenti fondamenti della mia filosofia. Il tutto vale esattamente quanto un rutto, con l'unica differenza che un rutto dà più soddisfazione."*[32]

Jons lo scudiero che non sta un attimo zitto e che, mentre cavalca accanto al padrone, canta una curiosa canzone, che, probabilmente, ha composto lui stesso: *"Tra le gambe di una troia la vita è una gran gioia."*[33]

E aggiunge, irriverente, al limite del blasfemo: *"In alto siede l'onnipotente, così lontano che è sempre assente; mentre il diavolo, suo fratello, lo trovi anche al cancello."*
Il cavaliere Antonius Block ha consumato tutta la sua fede durante la guerra in Terra Santa, e ora si ritrova in Danimarca, un paese che pare non conoscere più, non appartenergli più, dove imperversano il disordine, la peste e il fanatismo religioso.
"A Farjestad tutti parlavano di sinistri presagi e di altre orribili cose. Due cavalli si erano mangiati l'un l'altro nella notte, e nel cimitero si erano scoperte le tombe, e i resti di cadaveri si erano sparsi dappertutto. Ieri pomeriggio sono

---

31 Interpretato da Erland Josephson.
32 Dalla sceneggiatura del film *Il settimo sigillo*.
33 Censurata nella versione doppiata in italiano, nella quale si fa cantare a Jons: *"E' stanco il cavaliere, è stanco lo scudiero, ma il cavaliere è fiero e ammetterlo non può! Ei sogna di pranzare, di bere e poi dormire, però non non lo vuol dire, o forse non lo può!"*

stati visti quattro soli nel cielo. "[34]

Il film ha inizio su una spiaggia sassosa e inospitale[35], dove Antonius Block ha passato la notte, sotto un cielo screziato di grigio e vicino a un mare minaccioso e limaccioso. E' qui che al cavaliere si manifesta una figura sinistra. Intabarrata in un mantello nero dal quale sbuca a mala pena un volto bianco, funereo.[36] E' la Morte[37], che lo segue ormai da molto tempo. E' arrivata per portarlo via con se.

A.B.: *"Chi sei tu?"*

M.: *"Sono la Morte!"*

A.B.: *"Sei venuta a prendermi?"*

M.: *E' già da molto che cammino al tuo fianco."*

A.B.: *"Me n'ero accorto."*

M.: *"Sei pronto?"*

A.B.: *"E' il mio corpo che ha paura, non io."*

M.: *"Beh! Non c'è da vergognarsene."*

Block, quindi, non è ancora pronto e, proprio per prendere tempo, sfida la Morte a intraprendere una partita a scacchi contro di lui.

A.B.: *"Tu giochi a scacchi non è vero?"*

M.: *"Come lo sai?"*

Il Cavaliere sa che la Morte gioca a scacchi perché, le risponde: *"Lo so. L'ho visto nei quadri, lo dicono le legende."*

M.: *"Si, anche questo è vero, come è vero che non ho mai perduto un gioco."*

---

34 Ingmar Bergman, *Quattro film.*

35 La scena iniziale fu girata a Hovs Hallar nei pressi di Bastad, nella regione dello Scane.

36 *"Bengt Ekerot ed io eravamo d'accordo sul fatto che la Morte dovesse portare una maschera da clown, quella del clown bianco o, meglio, una combinazione tra la maschera del clown e il teschio."* (Ingmar Bergman, *Immagini*)

37 Interpretato da Bengt Ekerot.

A.B.: *"Forse anche la Morte può commettere un errore."*
M.: *"Per quale ragione vuoi sfidarmi?"*
A.B.: *"Te lo dirò se accetti."*
M.: *"Avanti allora."*
A.B.: *"Perché voglio sapere fino a che punto saprò resisterti. E se dando sacco alla morte avrò salva la vita."*
Il cavaliere, senza indugi, prende due pezzi dalla scacchiera se li mette dietro la schiena, poi tendendo le mani tese davanti alla Morte la invita a scegliere il colore.
A.B.: *"Ti tocca il nero."*
M.: *"Mi si addice, non credi?"*
Poi rimette i pezzi sulla scacchiera e la ruota in favore della Morte. La prima mossa tocca a lui: ha i pezzi bianchi. La partita ha inizio. Fino a quando riuscirà a tenerla in piedi, la sua vita sarà salva e lui avrà tempo per regolare le sue cose. *"Per fare qualcosa di utile.[38]"* Dice.
Antonius Block si intrattiene, durante la partita a scacchi itinerante più incredibile della storia del cinema, in una lunga serie di incontri-scontri dialogici con la stessa Morte. E al centro del film, basato su una sceneggiatura dal formidabile impatto, ci sono come una pietra d'angolo, indiscutibilmente, i dialoghi tra Antonius Block e la Morte. *"Ed io, Antonius Block, sto giocando a scacchi con la morte."*
Dopo quello che può essere definito uno sconfortante inizio, Antonius Block e il suo scudiero si rimettono in marcia verso il castello. In una radura la loro marcia si arresta: Block ordina a Jons di chiedere notizie su una locanda a un pellegrino che ha visto davanti a loro, accovacciato per terra. Jons, smontato da cavallo, si rivolge all'uomo, poi lo scuote dalle spalle, ma non ottiene risposta, in ultimo gli afferra la testa con entrambe mani e la gira verso di se: quel volto in putrefazione e pieno di

---

38 Dalla sceneggiatura originale del film.

bubboni purulenti gli rivelerà che è morto di peste.

A.B.: *"Hai saputo qualcosa?"*

Jons: *"Molto poco..."*

A.B.: *"Che ti ha detto?"*

Jons: *"Non ha parlato."*

A.B.: *"Era muto?"*

Jons: *"No, signore. Non esattamente... Anzi direi che a modo suo era estremamente eloquente."*

A. B.: *"Davvero?"*

Jons: *"Certo. Senz'altro. Ma di un eloquenza piuttosto funebre... mi sono spiegato?"*

Intanto, poco più in là, su un prato che pare un oasi felice, lontana dalla guerra, dalla pestilenza e dagli orrori del mondo si risvegliano dopo il riposo notturno il saltimbanco Jof[39], sua moglie Mia [40]e il figlio piccolo Mikael.

Una famiglia di attori girovaghi che vive alla giornata, povera ma felice. I tre sono accompagnati dall'attore anziano e capocomico Jonas Skat.[41] Mentre parla al suo cavallo, Jof ha una visione celestiale: la Madonna regge per mano il bambino, accompagnandolo mentre muove i suoi primi passi sul prato. Jof corre a svegliare la moglie Mia, per raccontarle la sua ennesima visione, ma quella, conoscendolo per un gran sognatore, lo esorta a non abbandonarsi alle solite fantasticherie.

Si sveglia anche l'attore che vive e lavora con loro. Si sveglia anche il figlioletto, per il quale il padre prevede un avvenire luminoso. Mia ribadisce il suo amore per il marito Jof. *"Ti amo tanto!"* Gli soffia. E' una famiglia povera e semplice, ma felice, e non a caso sfuggirà (momentaneamente) alla Morte.

---

39 Interpretato da Nils Poppe.

40 Interpretata da Bibi Andersson.

41 Interpretato da Erick Strandmark.

Intanto, in un villaggio abbandonato Jons scopre Raval,[42] il monaco che lo aveva convinto ad andare in guerra, che ruba oggetti preziosi nelle case vuote e tenta perfino di violentare una ragazza muta.[43] Lo minaccia, lo malmena e lo avverte di non farsi più vedere. A suggellare la scarsa stima che Ingmar Bergman non fa mistero di nutrire nei confronti della variegata categoria dei ministri di culto la presenza di questo personaggio oscuro e bieco e dalla moralità discutibile: il monaco predicatore e cleptomane, interpretato da un Bertil Anderberg, davvero detestabile. E chissà quanto abbiano dovuto influire sulla creazione di questa figura, non del tutto marginale nell'economia del film, i problematici (per usare un puro eufemismo) rapporti che Ingmar Bergman ha sempre intrattenuto col padre. Severo pastore protestante luterano della Corte Reale e quindi anch'egli ministro della fede.[44] Da lui e dalla madre, Ingmar Bergman aveva ricevuta in dote una rigida educazione improntata sul rispetto e sull'obbedienza. Il regista stesso, in uno dei suoi libri, racconta dei suoi rapporti col padre: ritenendo di non dover continuare ipocritamente ad onorarlo, si rifiutava con decisione, anzi ostinatamente, di intrattenere ancora alcun rapporto con lui. Al punto che la madre, dopo una burrascosa e inutile telefonata, in un freddo giorno dell'inverno del 1965, nel bel mezzo di una vera bufera di neve, si spinse a piedi fino al teatro del quale era direttore, a Stoccolma e, dopo averlo schiaffeggiato sonoramente, si fece promettere solennemente che sarebbe andato a trovarlo in ospedale, dove era stato ricoverato per essere operato di cancro

---

42 Interpretato da Bertil Anderberg.
43 Interpretata da Gunnel Lindblom.
44 *"La nostra educazione si basava per la maggior parte sui concetti di peccato, confessione, punizione, perdono e grazia, fattori concreti nelle relazioni dei bambini con i genitori e con Dio."* (Ingmar Bergman, *Lanterna magica*)

all'esofago. Ingmar Bergman mantenne la promessa, ma si recò a trovare il padre solo dopo la morte della madre, avvenuta circa una settimana dopo il colloquio, lo schiaffeggiamento e il te. Naturalmente informò il padre dell'accaduto e andò via. Racconta ancora Ingmar Bergman: *"Mi guardava fisso. Gli occhi erano chiari, calmi, spalancati. Quando raccontai quello che sapevo si limitò ad annuire e mi pregò di lasciarlo solo."* [45]

Ma torniamo al film. Jons, dopo averla sottratto dalle grinfie di Raval, offre alla ragazza una mansione da cuoca e la invita a seguirli. I tre proseguono insieme il viaggio e arrivano al centro abitato. Jons s'infila in una chiesetta dove trova Albertus Pictor[46], un pittore che sta affrescando le pareti. Prima dialoga con lui, poi gli racconta le sue peripezie.

Jons: *"Cosa dipingi?"*

A.P.: *"La danza della morte."*

Jons: *"E quella è la morte?"*

A.P.: *"Si, che danza trascinandosi dietro tutti quanti."*

Jons: *"Perché fai questi sgorbi?"*

A.P.: *"Perché penso che bisogna ricordare alla morte che tutti dobbiamo morire."*

Jons: *"Non servirà certo a renderla felice."*

A.P.: *"E perché diavolo si dovrebbe sempre cercare di renderla felice? A volte si può anche spaventarla un po'."*

Jons: *"Chiuderanno gli occhi e non guarderanno il tuo dipinto."*

A.P.: *"Puoi stare sicuro che lo guarderanno. Un teschio è assai più interessante di una donna nuda."*

Jons: *"E se li spaventi?"*

A.P.: *"Li fai pensare..."*

Jons: *"E se pensano?"*

---

45 Ingmar Bergman, *Lanterna magica.*
46 Interpretato da Gunnar Olsson.

A.P.: *"Si spaventano ancora di più."*

Jons: *"E così correranno a gettarsi nelle braccia dei preti."*

A.P.: *"Questo non mi riguarda."*

Jons: *"Io e il mio padrone siamo appena tornati da un lungo viaggio in terra straniera. Hai capito? Imbrattamuri."*

A.P.: *"La crociata, eh?"*

Jons: *"Proprio così! Per dieci anni siamo stati laggiù, lasciando che le serpi ci mordessero, le mosche ci pizzicassero, le fiere ci dilaniassero, gli infedeli ci accoppassero, il vino ci avvelenasse, le donne ci infettassero, le piaghe ci dissanguassero. E tutto perché? Per la gloria del Signore."*

Il cavaliere che, invece, ha avvertito la pressante necessità di sgravare la sua anima: va a confessarsi. Crede di farlo davanti a un monaco, che alla fine si rivelerà essere, invece, la Morte in persona. *"Voglio parlarti il più sinceramente possibile, ma il mio cuore è vuoto. Il vuoto è uno specchio che mi guarda. Vi vedo riflessa la mia immagine e provo disgusto e paura. Per la mia indifferenza verso il prossimo, mi sono isolato dalla compagnia umana.[47] Ora vivo in un mondo di fantasmi, rinchiuso nei miei sogni e nelle mie fantasie."*

La Morte incalza il Cavaliere Antonius Block: *"Perché non la smetti di fare domande?"*

E il cavaliere risponde: *"No, non la smetterò."*

E la Morte: *"Tanto, nessuno ti risponde."*

Alla domanda della Morte: *"Non credi che sarebbe meglio morire?"*

Il cavaliere risponde: *"L'ignoto mi atterrisce. Ma perché, perché non è possibile cogliere Dio con i propri sensi, per*

---

47 *E'* evidente la forte analogia con l'*incipit* de *Il posto delle fragole.* Nel quale Isak Borg dice: *"I nostri rapporti con il prossimo si limitano per la maggior parte al pettegolezzo e a una sterile critica del suo comportamento. Questa constatazione mi ha lentamente portato a isolarmi dalla cosiddetta vita sociale e mondana."*

quale ragione si nasconde tra mille e mille promesse e preghiere sussurrate e incomprensibili miracoli? Perché dovrei avere fede nella fede degli altri? Perché non posso uccidere Dio in me stesso? Perché continua a vivere in me seppure in modo vergognoso e umiliante, anche se io lo maledico e voglio strapparlo dal mio cuore? E perché nonostante tutto egli continua ad essere uno struggente richiamo di cui non riesco a liberarmi? Vorrei sapere senza fede, senza ipotesi. Voglio la certezza. Voglio che Dio mi tenda la mano e scopra il suo volto nascosto. Voglio che mi parli."

"Il suo silenzio non ti parla?" Lo incalza la Morte.

La replica di Antonius Block: *"Lo chiamo e lo invoco e se egli non risponde penso che non esiste: allora la mia vita non è che un vuoto senza fine: Nessuno può vivere sapendo di dover morire un giorno come cadendo nel nulla, senza speranza".*

Sul concetto ci viene in soccorso il filosofo Emanuele Severino: *"Se prendiamo alla lettera il senso del toccare, allora è impossibile toccare Dio, perché Dio non è un fatto che si possa toccare... Dio, così come inteso dalla cultura occidentale, è una necessità. E, quindi, la necessità non si può toccare."*

Nel corso della confessione Antonius Block commette un imperdonabile errore: svela i suoi piani e la strategia della sua partita alla Morte. E quando s'incontrano ancora per giocare, la Morte: *"Ti stavo aspettando."*

A.B.: *"Mi dispiace, sono stato trattenuto. Dato che ti ho svelato i miei piani batterò in ritirata: avanti, tocca a te."*

All'uscita dalla chiesa lo sconsolato e ancora più depresso Antonius Block ha incontrato una giovane. Si tratta di Tyan[48], accusata di stregoneria, che è stata messa alla berlina e mentre sta per essere portata al rogo viene aspersa con sangue e bile di

---

48 Interpretata da Maud Hansson.

cane nero. Le si rivolge, avvicinandosi senza paura, e, chinandosi su di lei, le parla. Vuole sapere se ha davvero ha visto il diavolo. *"Voglio incontrarlo anch'io, voglio domandargli di Dio. Lui deve sapere, almeno lui."*
E la ragazza: *"Puoi vederlo quando vuoi!"*
A questo punto Jons incalza il padrone:
"Che cosa vede? Me lo sai dire?"
A.B.: *"Non soffre più!"*
Jons: *"Non hai risposto alla mia domanda. Chi veglia su quella bambina? Gli angeli, Dio, il diavolo o soltanto il vuoto? Il vuoto, signore."*
A.B.: *"Non può essere così."*
Jons: *"Guarda i suoi occhi, signore. La sua povera coscienza sta facendo una scoperta: il Vuoto sotto la luna."*
A.B.: *"No!"*
Intanto i saltimbanchi hanno inscenato, in piazza, il loro spettacolo, tra le urla e la derisione dello scarso e incolto pubblico.
Il film, sicuramente uno dei migliori, dei più profondi e ricchi di simbolismi, di Ingmar Bergman, è, in definitiva, un'allegoria tipicamente scandinava sulla vita dell'uomo, passata quasi interrottamente alla spasmodica ricerca di Dio, ma che ha,come unica definitiva certezza, solo la morte. Come era solito che accadesse negli spettacoli medievali (un esempio viene fedelmente ricostruito e riproposto dal regista, nel corso del film, proprio attraverso lo spettacolo della famiglia di attori composta da Jof-Niels Poppe, Mia-Bibi Anderson e dall'altro attore anziano Jonas Skat-Erik Strandmorck), il tragico convive con il comico.[49]

---

49 *"Io provo una grande ammirazione per gli artisti, credo che l'arte di recitare, abbia grande importanza, specialmente per chi non sa superare da solo le proprie difficoltà."* (Ingmar Bergman, *Lanterna magica*)

L'attore anziano, impenitente donnaiolo[50], irretito dalla donna, non resiste alle moine di Lisa, la moglie del fabbro Plog[51] e scappa con lei. Intanto arriva una processione di flagellanti che interrompe definitivamente lo spettacolo. Dopo una lite alla locanda, dove viene salvato dal fiero scudiero Jons, Jof torna malconcio all'accampamento, ma reca in dono alla moglie un prezioso bracciale sottratto a Raval che lo ha lasciato incustodito su un tavolo. Mentre i fuggiaschi per amore vengono cercati e ritrovati dal fabbro Plog che, concesso il perdono alla moglie assiste al finto suicidio dell'attore[52], il quale non sa che morirà di lì a poco raggiunto dalla Morte sull'albero dove aveva trovato rifugio per la notte.

Le tenebre stanno calando mentre si prepara l'esecuzione della strega Tyan, ritenuta causa delle terribile pestilenza.

Soldato: *"Forza! Oh! Forza! Oh! Forza!"*

Jons: *"Dove state andando?"*

Soldato: *"A un'esecuzione."*

Jons: *"Ah, già. Ho capito. La strega. Ma perché la bruciate così? Di notte. La gente ha così poche distrazioni oggidì..."*

Soldato: *"Chi vuoi mai che venga a vederla. Solo a guardarla c'è rischio di cader preda del demonio."*

Jons: *"In questo caso siete dei giovanotti coraggiosi, voi."*

Soldato: *"Oh, beh. Ci hanno pagato bene e val la pena di rischiare."*

Soldati: *"Oh! Forza! Oh! Forza! Oh! Forza!"*

A. B.: *"Figliola, mi senti? È vero che sei stata assieme al diavolo?"*

Tyan: *"Perché me lo chiedi?"*

A.B.: *"Non è solo per curiosità. Ho le mie buone ragioni.*

---

50 Anche questa potrebbe essere una citazione autobiografica.

51 Interpretati, rispettivamente, da Inga Gill e da Ake Fridell.

52 *"L'attore commuove e confonde l'avversario, potenza dell'arte."* Dice Jons a Jof.

28

Voglio incontrarlo anch'io.''
Tyan: *"Perché?"*
A.B.: *"Voglio domandargli di Dio. Lui sicuramente deve saperne più di ogni altro."*
Tyan: *"Puoi incontrarlo quando vuoi."*
A.B.: *"Anche ora?"*
Tyan: *"Sì, se fai quello che ti dico io. Guardami fisso negli occhi. Guarda. Guarda bene. Non lo vedi?"*
A.B.: *"Vedo solo il tuo disperato terrore. E nient'altro. Ecco ciò che vedo."*
Tyan: *"Davvero? Non vedi altro? Niente altro?"*
A.B.: *"No."*
Tyan: *"Forse sarà dietro le tue spalle."*
A.B.: *"No. Non c'è nessuno."*
Tyan: *"Ma io so che è qui accanto. Basta che io allunghi una mano per incontrare la sua. Anche adesso è qui e mi difenderà dal fuoco."*
A.B.: *"Lo ha detto lui?"*
Tyan: *"Lo so."*
A.B.: *"Te lo ha detto lui?"*
Tyan: *"Su, guarda, guardami negli occhi. Lo vedrai anche tu se guardi bene. I preti lo hanno visto subito il demonio, e anche i soldati. E ne hanno tanta paura che non osano neanche toccarmi."*
A.B.: *"Perché le avete rotto i polsi?"*
Soldato: *"Non siamo stati noi."*
A.B.: *"E chi?"*
Soldato: *"Chiedetelo a quel monaco."*
A.B.: *"Che cosa le avete fatto?"*
In realtà non si tratta di un monaco qualsiasi ma della Morte.
Morte: *"Perché non la smetti di fare domande?"*
A.B.: *"No, non la smetterò."*

Morte: *"Tanto nessuno ti risponde."*
Jons: *"Per un attimo ho pensato di uccidere i soldati. Ma a che sarebbe servito? È già agonizzante."*
Soldato: *"Vi ho detto di non avvicinarvi. Finirete dannati anche voi."*
A.B.: *"Prendi questo. Ti allevierà la pena."*
Jons: *"Che cosa vede? Questo vorrei sapere."*
A.B.: *"Ormai non vede più."*
Jons: *"Non avete risposto alla mia domanda. Chi veglia su di lei? Gli angeli, o Dio, o Satana, oppure... oppure il nulla. Il nulla, ve lo dico io."*
A.B.: *"No, no, no, non può essere."*
Jons: *"Guardate i suoi occhi. La sua torbida coscienza si sta accorgendo del nulla. Del nulla che ormai la sommerge."*
A.B.: *"No."*
Jons: *"E noi siamo qui incapaci di fare qualcosa. Perché vediamo ciò che vede lei, e il nostro terrore è uguale al suo. E nessuno l'aiuta. No! Non posso guardarla."*
Nel prosieguo del film Antonius Block e Jons si uniscono alla famiglia di attori.
"La fede è una pena così dolorosa! È come amare qualcuno che è lì fuori al buio e che non si mostra mai per quanto lo si invochi".[53]
Esordisce sconsolato Block.
Mia: *"Infatti non sembrate molto felice."*
A.B.: *"No!"*
Mia: *"Siete stanco?"*
A.B.: *"Si!"*
Mia: *"Perché?"*
A.B.: *"Ho una triste compagnia."*
Mia: *"Volete dire il vostro scudiero?"*

---

53 Il cavaliere Antonius Block rivolto a Mia.

A.B.: *"No, non lui."*
Mia: *"Chi intendete allora?"*
A.B.: *"Me stesso."*
Mia: *"Capisco."*
A.B.: *"Davvero?"*
Mia: *"Sì, lo capisco benissimo. Mi sono spesso domandata perché gli uomini non facciano che tormentarsi appena ne hanno l'occasione."*

La famiglia di saltimbanchi, incrociata sulla via di casa, fa assaporare ad Antonius Block, forse per l'ultima volta, un pizzico di fiducia nella vita e nella famiglia.[54] Mia offre delle fragole e del latte ai suoi ospiti, mentre Jof gioca col figlioletto Mikael. Il cavaliere, pare rigenerato, e dice: *"Lo ricorderò questo momento. Il silenzio del crepuscolo, il profumo delle fragole, la ciotola del latte. I vostri volti su cui scende la sera, Mikael che dorme nel carro, Jof e la sua lira... Cercherò di ricordarmi quello che abbiamo detto e porterò con me questo ricordo delicatamente, come se fosse una coppa di latte appena munto che non si vuole versare. E sarà per me un conforto, qualcosa in cui credere."* Ma, questa inaspettata serenità, lo indurrà anche a porsi ulteriori domande sulla vita e sulla morte, sulla religione e su Dio.

La Morte già lo attende per riprendere la sua partita mortale.

"La morte è un orrore senza soluzione, non perché dia dolore ma perché è piena di brutti sogni da cui non ci si può svegliare."[55] Mentre la comitiva, che si è finalmente riunita, si

---

54 *"In quelle immagini di pacata bellezza si fa presente una esemplare sintesi della condizione umana dove l'uomo coglie, insieme al limite della sua esistenza e all'ansia della sua inesausta ricerca, la gioia della vita, il gusto del latte e delle fragole, la grazia di un bambino, la tranquilla felicità di un prato verde."*
(Renato Buzzonetti, *Rivista del cinamatografo*)
55 Ingmar Bergman, *Lanterna magica.*

31

accampa in una radura per la notte, e Mia canta la canzone composta da Jof arriva Raval, appestato e moribondo, che chiede inutilmente dell'acqua da bere. Il cavaliere riprende la partita a scacchi con la morte. E' l'ultimo atto. La fine della partita è vicina. Il cavaliere se ne rende conto e vuole mettere in salvo almeno la famigliola degli attori. Il film esprime in modo assai lineare tutte le problematiche esistenziali dell'uomo. Il cavaliere Antonius Block, attraversa fisicamente e idealmente tutte le possibili tragedie umane: la guerra; le pestilenze; il giustizialismo; l'adulterio; il ladrocinio; le sopraffazioni; la la solitudine, la violenza sessuale; la superstizione; il fanatismo religioso. E sembra riscattarle tutte con un unico *escamotage:* provocando un diversivo (finge un gesto maldestro col mantello e fa cadere alcuni pezzi degli scacchi), il cavaliere distrae la Morte e salva la famiglia dei saltimbanchi, permettendo loro di allontanarsi alla sua vista. Ma la morte si ricorda l'esatta posizione oppure bara clamorosamente. Rimette a posto a suo modo i pezzi e vince la partita. Scacco matto! La prossima volta che vedrà il cavaliere lo porterà via con se. *"E adesso ti lascio. Quando ci incontreremo sarà giunta l'ultima ora: per te e per i tuoi compagni di viaggio."*
Siamo quasi al termine del film. In una delle ultime drammatiche scene, prima del quasi festoso carosello finale, la compagnia si ritrova nel castello del cavaliere Antonius Block. Dove viene accolta da Karin, la moglie di Antonius Block[56]. Che, così, si rivolge al marito. *"Gente tornata dalla crociata mi aveva detto che stavi arrivando. Io sola ti ho atteso qui. Gli altri hanno avuto paura della peste. Dimmi, non mi riconosci più, forse? Anche tu sei mutato, però. Ma ora vedo che sei proprio tu. Nel fondo delle tue pupille. Celato nelle pieghe del*

---

56 Interpretata da Inga Landgre.

tuo volto. Turbato, timoroso. C'è ancora il ragazzo che se ne andò di qui tanti anni fa."
A.B.: *"Sono tornato. E sono un po' stanco."*
Karin: *"Sei pentito di ciò che hai fatto?"*
A.B.: *"No. Non lo sono affatto. Sono solo un po' stanco."*
Karin: *"Me ne sono accorta."*
A.B.: *"Questi qui sono i miei amici."*
Karin: *"Digli di entrare. E' giusto l'ora della colazione."*
Assieme al cavaliere, in ordine sparso alle sue spalle, ci sono tutti i superstiti: Plog, il fabbro; Lisa, la moglie di Plog; Jons, lo scudiero; la ragazza muta. Si siedono a tavola per la loro ultima cena. Mentre mangiano in silenzio Karin legge un passo dell'Apocalisse.
Il settimo sigillo finisce come si era iniziato: si apre con la voce fuori campo che legge un passo dell'Apocalisse e si chiude con la lettura dello stesso passo, stavolta affidata a un personaggio del film.
"E quando l'agnello aperse il settimo sigillo, si fe' nel cielo un profondo silenzio di mezz'ora, e vidi i sette angeli che stavano dinnanzi a Dio, e furono date loro sette trombe. Poi un altro angelo si fermò davanti all'altare con un turibolo, e gli fu data gran quantità d'incenso." (All'improvviso, inaspettati, si odono tre colpi alla porta. Qualcuno ha bussato. Jons si alza per andare a vedere.) Karin riprende la lettura: *"...e allora il primo angelo die' fiato alla tromba e ne venne grandine e fuoco misto a sangue. E così furono gettati sopra alla terra. E la terza parte della terra fu arsa. E la terza parte degli alberi fu arsa. E fu arsa l'erba verdeggiante. E quindi il secondo angelo die' fiato alla tromba. E una specie di grande montagna di fuoco ardente fu gettata in fondo al mare. E la terza parte del mare diventò saggia".* Antonius Block rivolto a Jons: *"C'era qualcuno?"* Jons: *"No, signore. Nessuno."* Karin continua la

lettura del brano dell'Apocalisse: *"E anche il terzo angelo die'* *fiato alla sua tromba. E dall'alto del cielo cadde una stella* *grande. Ardente come fiaccola. La stella si chiamava... Si* *chiamava Assenzio".* La Morte appare. E' in piedi, nella penombra, vicino alla porta. Li ha finalmente raggiunti. Tutti assieme la accolgono alzandosi in piedi e lasciando il posto a tavola. Antonius Block è il primo che le si rivolge: *"Buongiorno, nobile signore."* Anche Karin, la padrona di casa, si presenta all'ospite inatteso: *"Io sono Karin, la moglie* *del cavaliere. E vi do il benvenuto nella mia casa, signore."* Anche il fabbro Plog si presenta: *"Il mio mestiere è quello del* *fabbro. E devo dire che mi arrangio bene nel mio lavoro.* *Questa è mia moglie Lisa. Saluta il nobile signore, avanti.* *Qualche volta non è facile andarci d'accordo e abbiamo avuto* *i nostri litigi, ma non peggio di quanto capita a tutte le* *coppie."* Il cavaliere, adesso è pronto[57], accoglie la Morte con una preghiera, accorata, drammatica:*"Dall'oscurità che tutti ci* *attornia mi rivolgo a te, o signore Iddio. Abbi misericordia,* *che siamo inetti, e sgomenti, e ignari."* Contrappunta Jons, con la sua preghiera laica: *"Nell'oscurità in cui dite che siamo* *avvolti, e probabilmente è proprio così, non c'è nessuno che* *ascolti i vostri lamenti o lenisca le vostre sofferenze[58].* *Asciugate le lacrime e specchiatevi nella vostra indifferenza."* Antonius Block riprende la sua preghiera: *"Dio, tu che in* *qualche luogo esisti, che devi certamente esistere, abbi* *misericordia di noi."* Gli fa eco ancora Jons: *"Forse avrei*

---

57 *"Veramente io non credo in Dio, ma la faccenda non è così semplice,* *tutti portiamo un Dio dentro noi stessi, tutto forma una trama che ci* *pare a volte di riconoscere, soprattutto al momento della morte."* (Ingmar Bergman, *Lanterna magica*)

58 *"Io non sono un credente. Qualsiasi forma di salvezza ultraterrena mi* *suona blasfema."* (Ingmar Bergman, *Lanterna magica*)

potuto liberarmi da questa angoscia dell'eternità che vi tormenta. Ma ormai è troppo tardi per insegnarvi la gioia smisurata di una mano che si muove e di un cuore che pulsa." Karin, con voce flebile, intima a tutti di fare silenzio: "Silenzio. Silenzio..." Jons non trattiene il suo disappunto: "Sì. Farò silenzio, ma mi ribello." Alla fine la ragazza muta s'inginocchia davanti alla Morte e assumendo una espressione estatica, lo sguardo che pare fissare una epifania, con un filo di voce sussurra: "L'ora è venuta!" Si giunge così all'ultima scena: dalla costa, dove avanza lentamente il carro dei saltimbanchi, Mia sveglia Jof che si era assopito, prende in braccio il figlio Mikael che passa al marito sceso per primo dal carro. "Mia. Li vedo. Mia. Li vedo. Laggiù contro quelle nuvole scure. Sono tutti assieme. Il fabbro e Lisa, il cavaliere e Raval e Jons e Skat, e la Morte austera li invita a danzare, vuole che si tengano per mano, e che danzino, in una lunga fila, in testa a tutti è la Morte, con la falce e la clessidra, e Skat è l'ultimo e ha la lira sotto il braccio. Danzano solenni, allontanandosi lentamente, nel chiarore dell'alba, verso un altro mondo ignoto, mentre la pioggia lava quieta i loro volti, e terge le loro guance dal sale delle lacrime." Mia: "Oh! Tu, sempre con i tuoi sogni e le tue visioni." Jof indica alla moglie la danza macabra[59]: i loro amici che avanzano dietro alla morte, il primo aggrappato al suo mantello nero, gli altri dietro tenendosi per mano. Sono sette personaggi (come i sette sigilli,

---

59 "La scena finale con la Morte, che danza allontanandosi con i viandanti, fu girata negli atri del Palazzo Reale. Dopo che avevamo già impacchettato ogni cosa per la sera, cominciò il maltempo. All'improvviso vidi una nube strana. Gunnar Fischer tirò su la cinepresa. Molti degli attori erano già tornati nei propri alloggi. Alcuni inservienti e turisti danzavano ai loro posti, senza avere idea di che cosa si trattasse. Quell'immagine, divenuta poi così famosa, fu improvvisata in pochi minuti." (Ingmar Bergman, Immagini)

le sette chiese, i sette angeli, le sette stelle, le sette trombe dell'Apocalisse) guidati dalla Morte che ha in mano la falce e la clessidra. Poi, Jof cinge con un braccio le spalle della moglie Mia, che regge in braccio il figlioletto Mikael, prende in mano le redini del cavallo legato al carro e insieme si allontanano, sani e salvi. Per ora...

Particolare della danza macabra del pittore italiano Simone II Baschenis

CONCLUSIONI

Il settimo sigillo è, forse, il film di Ingmar Bergman dove più forte che in tutti gli altri si avverte ed è evidente l'influsso della filosofia di Kirkegaard[60] e delle problematiche esistenziali dell'uomo[61]. Che poi racchiudono in se:
- Il problema dei rapporti con l'altra vita, quella eterna;

---

60 Bergman, anche in altri suoi film, mostra di conoscere molto bene la filosofia di Soren Kirkegaard, filosofo danese del 800, inventore dell'esistenzialismo scandinavo.
61 *"Non c'è nulla che spaventi di più l'uomo che prendere coscienza dell'immensità di cosa è capace di fare e diventare."* (Soren Kirkegaard)

- il problema dell'esistenza di Dio;
- il problema delle innumerevoli paure dell'uomo, comprese le due paure più grandi: la paura di vivere e la paura di morire.[62]

In una delle scene topiche del film il cavaliere confessa la sua disperata condizione umana al suo confessore, che poi non è che la Morte in persona.

Il cavaliere racconta che l'ignoto lo atterrisce e che vorrebbe avere la certezza dell'esistenza di Dio, perché se Dio non esistesse l'intera esistenza sarebbe un vuoto senza fine[63].

In realtà, chiedersi se il cavaliere bergmaniano vada alla ricerca della fede o alla ricerca di Dio, non deve apparire domanda oziosa.

Contrariamente a quanto si pensa comunemente, interrogarsi sul silenzio di Dio non è materia per soli atei, in quanto interrogarsi sul silenzio di Dio significa in qualche modo averne ammessa almeno in linea teorica l'esistenza; significa chiedersi perché taccia e perché scelga di non manifestarsi. Cosa diversa è la ricerca delle prove dell'esistenza di Dio; chi ne cerca le prove, contemporaneamente, non ne ammette, quindi, un'esistenza certa.

Ma *Il settimo sigillo* è anche il film in cui, soprattutto per merito del coprotagonista, lo scudiero filosofo Jons, si avvertono gli influssi netti, univoci e concordanti della filosofia nietzschiana e della sua *teoria del superuomo* e della filosofia kierkegaardiana e della sua teoria dell' *uomo estetico*[64].

Quando, ad esempio, Jons si descrive così: *"Mi chiamo Jöns. E sono un uomo piacevole e discorsivo che non ha mai avuto se*

---

62 Soren Kirkegaard, *Aut-Aut.*
63 *"Ma allora la vita non è che un vuoto senza fine. Nessuno può vivere sapendo di dover morire un giorno come cadendo nel nulla senza speranza."*
64 Soren Kierkegaard, *Aut-Aut.*

non pensieri gentili e non ha mai compiuto se non azioni nobili e generose. Addio, fanciulla[65]. Avrei potuto violentarti, ma è un genere di amore che non mi va. Troppo faticoso, tutto sommato. A proposito, io avrei bisogno di una cuoca. Che ne diresti? E' vero che avevo una moglie, ma ormai spero di essere diventato vedovo. Allora, vuoi rispondere sì o no? Visto che ti ho salvato da quel vigliacco, potresti dimostrarmi anche un po' di gratitudine, no?"

Lo stesso Bergman spiega il suo personale concetto di paura della morte, come di definitiva cessazione della vita umana, che rappresenta la chiave di volta dell'intera sceneggiatura del film, in un suo racconto. *"La mia paura della morte era profondamente collegata alle mie idee religiose. Poi ebbi una piccola operazione chirurgica. Per sbaglio, mi fu praticata un'anestesia troppo forte, così sparii dal mondo dei sensi. Dove se ne erano andate le ore? Non durarono nemmeno una frazione di secondo. Improvvisamente mi resi conto che la morte è così. Che dall'essere passi al non-essere è una cosa difficile da pensare. (...) Prima si è, poi non si è. Questo è del tutto soddisfacente.[66]"*

Ingmar Bergman, si sa, nega tutto ciò che è ultraterreno, metafisico, trascendente. Come, da buon ateo, nega pure l'esistenza di Dio. Di tutto ciò che rappresenta la religione cattolica, anzi cristiana, crede solo nella figura di Gesù Cristo, come uomo storico, non di Salvatore e in tutto quello che, prosaicamente, succede ad ogni uomo storico durante tutto il corso della sua vita.[67] Ingmar Bergman era talmente incuriosito,

---

65 Si rivolge alla ragazza muta insidiata da Raval nel villaggio deserto perché abbandonato da tutti.

66 Ingmar Bergman, *Immagini*.

67 *"L'ultraterreno non esiste. Tutto è su questa terra. Tutto è dentro di noi, accade dentro di noi e noi fluiamo gli uni negli altri e fuori dagli altri: va bene così!"* (Ingmar Bergman, *Immagini*)

così appassionato dalla figura di Gesù Cristo che aveva da tempo deciso di girare un film su di lui a Faro[68], la sua isola, ma era rammaricato dal fatto che diverse circostanze glielo avessero sempre impedito, e racconta il suo disappunto anche nella sua autobiografia[69]. La buona occasione, ad ogni modo, sembrava, finalmente, essersi materializzata quando giunse a casa sua una folta delegazione di dirigenti della *RAI-TV* che gli si era rivolta per attribuirgli formalmente l'incarico di preparare la sceneggiatura per una *Vita e Passione di Gesù Cristo*.

Pagarono anche anticipatamente il compenso per il suo lavoro: la bella somma di 30.000 dollari. Bergman si mise subito all'opera e forte dell'educazione religiosa forzosamente ricevuta dal padre, pastore protestante, e di una solida conoscenza biblica raggiunta attraverso approfondite ricerche e studi sulla figura storica del Cristo, fu in grado in pochi giorni di spiegare il suo personalissimo e originalissimo progetto. *"Risposi con un piano dettagliato delle ultime quarantotto ore della vita del Salvatore. Ogni episodio era incentrato su uno dei personaggi del dramma... Dissi che volevo girare il film a Faro. Le mura di Visby sarebbero state quelle intorno a Gerusalemme. Il mare che bagna i raukar sarebbe diventato il lago di Genezareth. Sulla collina pietrosa di Langhammars volevo erigere la croce.[70]"*

Probabilmente il progetto del Maestro, per come era stato esposto, apparve troppo innovativo ed originale, lontano da quello che si aspettavano di sentirsi raccontare; oppure la collocazione scenografica sembrò troppo avulsa e lontana dai luoghi caldi e rassicuranti della vita del Cristo.

"Gli italiani lessero, rifletterono e arretrarono impalliditi.

---

68 Si veda il libro dello stesso autore: *Faro Magica.*
69 Ingmar Bergman, *Lanterna magica.*
70 Ibidem.

Pagarono generosamente e affidarono l'incarico a Franco Zeffirelli: ne risultò una vita e morte di Gesù come in un bel libro illustrato, una vera e propria biblia pauperum.[71]"

In un colpo solo la *RAI-TV* ottenne diversi risultati, non tutti e non proprio lusinghieri, purtroppo. Innanzitutto buttò all'aria inutilmente un bel gruzzolo di soldi pubblici; con una visione provinciale delle cose rimediò una bruttissima figura con uno dei cineasti più grandi di tutti i tempi; ottenne da un prevedibilissimo Zeffirelli la madre oleografica di tutte le *Passioni di Cristo*, che ancora si rappresentano, sotto Pasqua, nei borghi antichi di tutti i paesi d'Italia; rinunciò probabilmente a festeggiare l'ennesimo capolavoro a firma di Bergman.

Un film che prometteva di essere qualitativamente alla pari, se non superiore, al *Vangelo secondo Matteo*[72] di Pier Paolo Pasolini, senza alcun dubbio la migliore trasposizione delle ultime ore di Gesù mai realizzata per il cinema. Insomma, grazie al fiuto e alla lungimiranza dei dirigenti della *RAI-TV*, oggi la cultura mondiale celebra una *biblia pauperum* in più e un capolavoro in meno.

Il settimo sigillo è anche il film di Ingmar Bergman più pieno di simbolismi, di metafore, di visioni, di immagini e riferimenti alla iconologia classica, religiosa e laica.

Il carretto dei saltimbanchi che richiama *Il carretto fantasma* di Viktor Sjostrom.

La figura della Morte, rappresentata col mantello nero, il volto bianco, la falce affilata in una mano e la clessidra nell'altra, che mostra di non sapere niente della vita nell'aldilà, non concede

---

71 Ingmar Bergman, *Lanterna magica.*

72 *Film su un personaggio sacro visto da laico, del 1964 che racconta di un Cristo umano, non trascendente, un vangelo senza speranza, ma poetico, interpretato da attori non professionisti, come era tipico di Pasolini.*

risposte al cavaliere e fa solo diligentemente il suo mestiere di mietitrice di anime.

Le coppe colme di fragole e latte che Mia serve ai suoi ospiti sul prato, in uno dei rari momenti in cui la tensione narrativa del film si allenta; alcuni critici vi hanno letto finanche un esplicito richiamo di tipo sessuale: fragole e latte come simbolo del seno femminile.

Gli affreschi orrifici che Albertus Pictor dipinge sulle pareti della chiesetta, deterrente puerile, scelto dai chierici medievali per fedeli ignoranti, suggestionabili e creduloni.

Lo spettacolo inscenato dagli attori nella piazza come esempio di commistione tra vita e arte: la vita si fa arte, l'arte diventa vita; come commedia e tragedia, che insieme si mescolano dopo la fuga d'amore dell'attore anziano con Lisa, la moglie di Plog, il fabbro.

La finta morte, a seguito del suicidio artefatto, inscenato sempre dall'attore anziano, che celebra la finzione dell'arte (commedia) ma nel contempo il realismo e la durezza della vita umana (dramma).

L'immagine didascalica della Morte che sega il ramo dell'albero sul quale si era rifugiato l'attore: gesto che ne significherà la morte, come fine vita reale.

La fantasia e la visionarietà, che in certi momenti, diventa spirito profetico dell'attore Jof e dei suoi racconti fantastici; metafora dell'arte, come fantasia, finzione ed evasione che rende sopportabile la vita.

Ma la metafora più grande, quella più riuscita, più immortale ed efficace, è quella sulla quale poggia come un fulcro tutto il film: la partita a scacchi itinerante più drammatica e terrorizzante dell'intera storia del cinema.

Ma, per capire appieno il messaggio culturale, filosofico, esistenziale contenuto nella fenomenale produzione filmografica di Bergman, in generale, nel suo film *Il settimo sigillo*, in particolare, è necessario contestualizzare entrambi nella contingenza della cultura occidentale contemporanea.

Il nostro tempo viene definito dai filosofi come il tempo della morte di Dio, o ancora meglio, il tempo del silenzio di Dio.

Anche secondo il noto filosofo Emanuele Severino la morte di Dio, però, non è un processo che debba sfociare necessariamente nell'ateismo *tout court*, ma nella capacità della filosofia di distruggere il passato culturale dell'Occidente, quel passato nel quale la paura dell'esistenza è segnata dallo sforzo umano di ricercare non un Dio che sia il risultato di un racconto mitico, ma un Dio che si ponga comodamente all'interno di quella forma di sapere e di conoscenza che i greci hanno portato alla luce e che si chiama *episteme*: sapere stabile, sapere solido, che non può essere smentito. Da qui l'esigenza umana di arrivare a *toccare* Dio, non attraverso la fede, ma attraverso la ragione. Ma il filosofo sa anche, ed ammonisce l'uomo storico, che è impossibile toccare Dio, perché Dio è una necessità dell'animo umano e la necessità, specie se dell'animo, non può essere toccata.

Nel cinema di Ingmar Bergman, in particolare nel *Settimo sigillo*, si allude alla necessità intimamente e profondamente avvertita dall'uomo di arrivare a Dio attraverso il sapere inconfutabile; ma, mentre si tocca con mano il fallimento del disegno, della necessità e del bisogno della cultura occidentale di conoscere Dio, si giunge ad avvertire o a riavvertire, contemporaneamente, il bisogno di quella immagine di Dio che si è allontanata, se non distrutta definitivamente. Per questa serie di motivi *Il settimo sigillo* risulta uno dei capolavori più affascinanti e coinvolgenti di tutta la storia del cinema. Se l'*opera omnia* di Ingmar Bergman è entrata a far parte del patrimonio universale dell'arte una parte cospicua del merito la deve a questo film immaginifico, che è penetrato profondamente nelle coscienze e nell'animo di generazioni intere di cinefili, di appassionati o di semplici spettatori. Continuando a suscitare curiosità, studi, recensioni, critiche, analisi, discussioni e commenti.

"Questo è il miglior film mai fatto, sia esso svedese o americano: dev'essere vero, se l'IMDb[73] così". Affermò Tom Charity, critico di *Cinemascope4*.

Mentre Woody Allen[74], forse il più noto tra gli estimatori più noti di Ingmar Bergman, disse semplicemente: *"...è il film definitivo avente per oggetto la Morte."*

Mutuando da Ingmar Bergman, si può dire, senza timore di smentite, che *Il settimo sigillo ...attraversò il mondo come un incendio...* e, a quasi sessant'anni dalla sua prima uscita nelle sale, non ha ancora smesso di attraversarlo; né l'incendio si è estinto.

Io ritengo - e penso di non essere il solo - che il film resterà, per sempre, una pietra miliare sulla strada della conoscenza dell'uomo, delle sue scissioni più intime, del suo animo e dei suoi sentimenti, della sua spiritualità e delle sue paure più grandi: la paura di vivere e quella di morire.

---

73 Acrostico di Internet Movie Database.

74 Woody Allen in *Amore* e *guerra* (*Love and death*, 1975) cita il finale de *Il settimo sigillo* nel film: il protagonista del film balla assieme alla Morte. Ma sono solo in due e la Morte è bianca.

NOTIZIE SUL FILM

Titolo originale	*Det sjunde inseglet*
Lingua originale	svedese
Paese di produzione	Svezia
Anno	1957
Durata	96 min (USA:92')
Colore	B/N
Audio	sonoro (mono)
Rapporto	1,37 : 1
Genere	epico, drammatico
Regia	Ingmar Bergman
Soggetto	Ingmar Bergman (dal suo dramma *Pittura su legno*)
Sceneggiatura	Ingmar Bergman
Produttore	Allan Ekelund
Casa di produzione	Svensk Filmindustri (SF)
Fotografia	Gunnar Fischer
Montaggio	Lennart Wallén
Musiche	Erik Nordgren
Scenografia	P.A. Lundgren
Costumi	Manne Lindholm
Trucco	Nils Nittel

PERSONAGGI E INTERPRETI

Max von Sydow: **Antonius Block**
Gunnar Björnstrand: **Jöns, scudiero**
Bengt Ekerot: **la Morte**
Nils Poppe: **Jof**
Bibi Andersson: **Mia, moglie di Jof**
Inga Gill: **Lisa, moglie del fabbro**
Maud Hansson: **la strega Tyan**
Inga Landgré: **Karin, moglie di Block**
Gunnel Lindblom: **giovane muta che segue il cavaliere e Jons**
Bertil Anderberg: **Raval**
Anders Ek: il monaco
Åke Fridell: **Plog, il fabbro**
Gunnar Olsson: **Albertus Pictor, pittore nella chiesa**
Erik Strandmark: **Jonas Skat, l'attore anziano**
Siv Aleros: flagellante
Sten Ardenstam: cavaliere
Harry Asklund: il proprietario
Benkt-Åke Benktsson: mercante nella locanda
Catherine Berg: giovane donna inginocchiata
Lena Bergman: giovane donna inginocchiata
Tor Borong: contadino nella locanda
Gudrun Brost: donna nella locanda
Bengt Gillberg: flagellante
Lars Granberg: flagellante
Gunlög Hagberg: flagellante
Gun Hammargren: flagellante
Tor Isedal: uomo
Ulf Johansson: comandante dei soldati
Tommy Karlsson: Mikael, figlioletto di Jof e Maria
Uno Larsson: flagellante
Lennart Lilja: flagellante
Lars Lind: il giovane monaco
Monica Lindman: flagellante
Gordon Löwenadler: cavaliere
Mona Malm: giovane incinta
Josef Norman: vecchio nella locanda
Gösta Prüzelius: uomo
Helge Sjökvist: flagellante
Georg Skarstedt: flagellante
Ragnar Sörman: flagellante
Fritjof Tall: uomo
Lennart Tollén: flagellante
Nils Whiten: vecchio rivolto al monaco
Caya Wickström: flagellante
Karl Widh: uomo

IL POSTO DELLE FRAGOLE

(1957)

Titolo originale: *Smulltronstallet*

Titolo in inglese: *The wild strawberries*

"Mi ritrovai in aspro dissidio con i miei genitori. Non volevo né potevo parlarne con mio padre. Mia madre e io cercavamo di volta in volta una temporanea riconciliazione, ma c'erano troppi scheletri negli armadi, troppe incomprensioni perverse. Ci sforzavamo, perché avremmo voluto volentieri concludere la pace, ma fallivamo sempre. Immagino che i più forti impulsi a fare Il posto delle fragole siano nati proprio da qui. Io mi ritraevo nella figura di mio padre, cercando spiegazioni alle amare controversie con mia madre. Credevo di capire di essere stato un bambino non desiderato, cresciuto in un grembo freddo e generato in una crisi... fisica e psichica. Il diario di mia madre ha in seguito confermato questa mia impressione: mia madre era profondamente ambivalente nei suoi sentimenti verso il suo disgraziato, morente bambino."

(Ingmar Bergman, dal suo libro-diario Immagini)

PROLOGO

Di tutti i film di Ingmar Bergman *Il posto delle fragole* è, certamente, quello che ha dato al regista la definitiva fama planetaria; quello più famoso (insieme a Il settimo sigillo[75]); quello che è rimasto più profondamente impresso nella memoria collettiva; quello più osannato dalla critica e il più premiato[76].

Il film che si svolge nell'arco di una sola giornata è una specie di *road movie,* un reale viaggio in macchina, effettuato da un vecchio e solitario dottore, Eberhard Isak Borg[77].

Il dottore, che si appresta a celebrare il suo dottorato giubilare come professore in batteriologia: per la sua carriera, lunga e brillante, verrà nominato dottore ad honorem, coglie l'occasione per un radicale esame di coscienza che investe tutta la sua vita, la sua carriera professionale e i suoi rapporti interfamigliari e interpersonali. Giunto alla fine del suo percorso professionale e della sua vita, affronta un viaggio, da Stoccolma a Lund, che sarà anche un *time travel*[78], un viaggio a ritroso nel tempo, un viaggio nei ricordi più accorati della sua vita; un viaggio di redenzione al termine del quale, accortosi di tutti i suoi limiti umani e degli innumerevoli altri errori

75 *Det sjunde inseglet*, girato nel 1956 e uscito nello stesso anno, il 1957.
76 Il lungo elenco di premi internazionali (riportato integralmente nelle ultime pagine di questo libro), ne fanno uno dei film più premiati della storia del cinema.
77 *"All'età di settantasei anni mi sento troppo vecchio per mentire a me stesso. (...) Come risultato, di mia libera volontà, ho finito per ritirarmi quasi del tutto dalla società, poiché i nostri rapporti con gli altri consistono più che altro nel discutere e giudicare la condotta di coloro che ci circondano."*
78 *"In un viaggio in auto tra Stoccolma e Lund l'anziano professore Isak Borg riconsidera la sua vita. Chi può dimenticare tali immagini?"* (Woody Allen)

commessi nei suoi rapporti con le persone con le quali è venuto in contatto, si sarà, serenamente, avvicinato di più alla morte, ma anche alla piena, personale catarsi[79]. La partenza per il viaggio in macchina verso Lund è preceduta da un sogno, anzi, da un incubo. *"Verso l'alba del 1° giugno, feci un sogno strano e assai spiacevole.*[80]*"* Il dottore sogna, infatti, di fare una passeggiata mattutina tra i vicoli della città vecchia, deserta e silenziosa. L'orologio dell'ottico, sotto al quale spesso passava sorridendo ritenendolo grottesco, ha perso le lancette e i due occhi dipinti sull'insegna appaiono schiacciati e putrescenti. Anche il suo orologio da tasca, ha perso le sue lancette: se ne accorge tirandolo fuori per controllare l'ora. Forse, anche la sua ora è giunta? Corre allora verso l'unico passante che scorge nella via, ma quando si accorge che l'uomo non ha un volto, quello si affloscia nei sui abiti e si liquefa a terra come cera. Continuando la sua passeggiata si imbatte ancora in un funerale. Il carro funebre[81], che gli viene quasi addosso, perde una ruota, sbattendo violentemente sul bordo del marciapiede. La ruota gli rotola incontro, rischiando d'investirlo. Il carro si abbassa da un lato, la bara cade sull'asfalto e si apre. Da essa si sporge una mano che lo attira a se e gli consente di vedere il volto del cadavere che ha le sue stesse sembianze. Il funerale è il suo. Dopo questi lunghi attimi di intenso terrore il dottor Isak Borg si sveglia e si mette a sedere sul letto. E' rinfrancato, accorgendosi che c'è ancora, è vivo e dice:"Mi chiamo Isak Borg. Sono ancora vivo. Ho settantasei anni. Mi sento proprio benissimo." Può prepararsi per il viaggio, non prima di aver inscenato un divertente siparietto con la sua governante Agda,

---

79 Dal greco *katharsis*: purificazione.
80 Isak Borg dal prologo della sceneggiatura de *Il posto delle fragole*.
81 Il carro funebre è un evidente richiamo a *Korkarlen* (*Il carretto fantasma*, 1921) film di Viktor Sjostrom. *"Vedo chiaramente come quel film abbia influenzato la mia professione, perfino nei più minuti particolari."*

che sedata la discussione, definisce una "vecchia brontolona."
Isak Borg[82] inizia il suo viaggio col fardello del suo egoismo, della sua indifferenza, della sua incapacità di comprendere gli altri o, forse, della sua svogliatezza a volerli comprendere. Un pesante fardello fatto di una assoluta, perfetta, soddisfacente anaffettività. A tale proposito, Ingmar Bergman, riferendosi al protagonista del film, dice: *"Modellavo un personaggio che esteriormente somigliava a mio padre ma che ero io in tutto e per tutto."*[83]
Isak Borg, è accompagnato nel suo viaggio dalla nuora Marianne che deve raggiungere anch'ella Lund, dove si trova suo marito Evald, figlio di Isak, col quale è in piena crisi matrimoniale. Uno dei motivi della crisi della coppia è determinato dal fatto che Marianne è incinta e vuole tenere il bambino, anche contro la volontà di Evald che ha sempre resistito all'idea di procreare. Evald, anch'egli uomo di scienza, così spiega le sue ragioni a Marianne nel corso di un loro drammatico incontro: *"Sono sano di mente, e ti ho spiegato la mia posizione con assoluta chiarezza. E' assurdo vivere in questo mondo, ma è anche più ridicolo popolarlo di nuove vittime; e la cosa più assurda di tutte è credere che a loro andrà meglio di noi."*
Marianne: *"Questa è solo una scusa."*
Evald: *"Chiamala come vuoi. Personalmente io sono stato il figlio indesiderato di un matrimonio ch'era una graziosa riproduzione dell'inferno. Sarà proprio certo mio padre che sono suo figlio? Indifferenza, paura, infedeltà e sentimenti di colpa queste furono le mie nutrici."*
E, come se volesse rincarare la dose, Evald, rivolto ancora a

---

82 Le iniziali del suo nome sono le stesse del nome del regista; in più la radice del nome Isak deriva da *is*, che significa ghiaccio; mentre *borg* significa fortezza.
83 Ingmar Bergman, *Immagini.*

Marianne, nel corso dello stesso incontro: *"Tu hai un dannato bisogno di vivere, di esistere, di procreare."*

E, Marianne: *"E tu?"*

Evald: *"Il mio bisogno è di essere morto. Assolutamente, completamente morto."*

Tutti i film di Ingmar Bergman hanno forti elementi autobiografici. Certamente il disagio di Evald Borg in questo film rappresenta il disagio che fu vissuto nella vita reale dal piccolo Ingmar Bergman quando scoprì della relazione segreta della madre per un uomo diverso dal padre.

Una sera d'autunno... improvvisamente udii che al piano inferiore era in corso una lite. La mamma piangeva, la voce del papà era piena di collera. Erano suoni spaventosi che non avevo mai udito prima. Sgusciai fuori dalle scale e vidi mamma e papà discutere violentemente nell'anticamera... non ricordo con chiarezza quello che seguì. (...) Il pastore della parrocchia di Hedvig-Eleonora (il superiore di papà) intervenne. I miei genitori si riconciliarono e l'arciricca zia Anna li portò con sé in un lungo viaggio attraverso l'Italia.[84]"

I genitori, dopo altre violentissime liti, alle quali spesso i loro tre figli assistettero, ripresero la loro vita in comune solo per smorzare le critiche sociali che sarebbero venute dalla feroce e imperante morale protestante della Svezia di inizio secolo.[85]

La madre, ovviamente, interruppe la sua relazione extraconiugale col giovane studente di teologia del quale si era perdutamente innamorata.[86]

---

84 Ingmar Bergman, *Lanterna magica*.

85 L'intera storia fu meravigliosamente raccontata da Liv Ullman nel film *Conversazioni private* (*Enskilda Samtal*, 1996) scritto da Ingmar Bergman, che racconta un decennio (1924-34) nell'infelice vita coniugale di Henryk Bergman e Anna Akerblom, genitori del regista.

86 Sull'accaduto Ingmar Bergman scrisse due sceneggiature per due film e altrettanti libri: *Con le migliori intenzioni* e *Conversazioni private*.

Isak Borg è pronto per iniziare il suo viaggio. *"Poco dopo le tre e mezzo tirai fuori la macchina dal garage. Marianne uscì dalla porta di strada, in pantaloni e una giacca corta. E' una giovane molto ben fatta. Alzai gli occhi alla finestra per vedere se Agda era affacciata. C'era. La salutai con la mano, ma non ricambiò il saluto. Adirato, salii in macchina, sbattei lo sportello e misi in moto. Silenziosamente uscimmo dalla città addormentata.[87]"*

Nel corso del viaggio Isak Borg e la nuora Marianne offrono un passaggio a tre giovani: Sara[88], Anders e Viktor, che vanno verso l'Italia con mezzi di fortuna e facendo l'autostop. Il dottore li incontra dopo che con Marianne ha fatto una sosta dove sorgeva la vecchia casa di vacanza della famiglia. Con essi si accende a pranzo una discussione che ha per argomento l'esistenza di Dio. Anders chiede al professore cosa pensi della loro discussione, ma Isak Borg glissa elegantemente la domanda: *"Cari ragazzi, accogliereste la mia opinione con ironica indulgenza qualunque cosa dicessi. Perciò non dirò niente."*

Durante il viaggio Isak e Marianne hanno anche un incidente, senza conseguenze, con l'auto condotta da Berit, moglie di Alman. E danno anche a loro un passaggio.

Ma il film è anche un viaggio nella memoria, nei ricordi, nel sogno e nella coscienza. La luce sui ricordi d'infanzia di Isak Borg si accende quando decide di fare una breve sosta e raggiunge la casa delle vacanze estive di famiglia. "Restammo per un poco in silenzio... Il sole era alto nel cielo e la strada era d'un bianco abbagliante. D'un tratto provai un impulso. Rallentai e voltai a sinistra in una piccola strada laterale verso

---

87 Dalla sceneggiatura originale de *Il posto delle fragole*.
88 Bibi Andersson interpreta le due Sara del film: l'autostoppista e la cuginetta, che condurrà Isak Borg per mano nel viaggio nei suoi ricordi di fanciullezza fino al posto delle fragole.

il mare. Era una strada serpeggiante in mezzo alla foresta, fiancheggiata di tronchi di recente tagliati, che mandavano un forte odore al calore del sole. Marianne mi guardò, un po' sorpresa ma non disse nulla. Fermai la macchina in una curva della strada."

Isak si rivolge a Marianne: *"Vieni, voglio mostrarti una cosa."*

Si legge nella sceneggiatura originale: *"Lei sospirò senza dir nulla e mi seguì giù per la lieve discesa, fino al cancello. Scorgemmo la vasta casa gialla in mezzo alle betulle, con la sua terrazza affacciata sulla baia. La casa dormiva dietro le porte chiuse e le persiane abbassate."*

Per un po' Isak e Marianne avanzano assieme, poi il vecchio s'accorge che la nuora non è più dietro di lui, lo ha lasciato solo, allontanandosi verso il mare: l'idea era di rinfrescarsi un po' facendo un tuffo.

Isak: *"Il vecchio posto delle fragole..."*

Il film è una meditazione serena e profonda sulla vita e sulla morte. *"Quel sogno[89] della bara - nelle sequenze iniziali del film – è un sogno compulsivo. Non che giacessi io stesso nella bara. Quello l'ho inventato. Ma il pezzo in cui il carro funebre[90] viene avanti, urta contro un palo della luce, la bara scivola e fa venire fuori il cadavere, quello l'ho sognato molte volte.[91]"*

La vita pesa. Come pesa su di essa e sugli uomini anche l'idea quotidianamente incombente della morte. Ingmar Bergman, in

---

89 Jacob, Hovelius, l'ex-vescovo, compagno di giubileo di Isak Borg: *"Un certo Schopenauer dice non so dove, i sogni sono una specie di follia, e la follia è una specie di sogno. Ma si dice che anche la vita sia una specie di sogno, no?"*

90 Diretta citazione di *Korkarlen* (1921), *Il carretto fantasma*, film di Viktor Sjostrom, che Ingmar Bergman considerava suo maestro.

91 Ingmar Bergman, *Bergman on Bergman*.

qualche modo tenta e, in qualche modo ci riesce, di rivoluzionare l'idea convenzionale del mistero, insondabile e insolubile della vita e della morte, dimostrando sostanzialmente che vita e morte non sono così differenti, anzi, contrapposte come invece si tende a credere. Esse sono compenetrate, fatte quasi della stessa sostanza. In pratica egli dimostra che non basta esistere per essere vivi. Ci si può sentire morti pur essendo vivi; si può rinascere a nuova vita, in una parola: vivere, anche morendo.

Concetto che il regista fa esprimere chiaramente al dottor Isak Borg, non ancora redento, che si rivolge alla nuora Marianne, dicendo: *"...sono morto, pur essendo vivo!"*

Mentre mette sulla bocca di Evald, il figlio, anch'egli medico, di Isak Borg, che si rivolge alla moglie Marianne, una espressione altrettanto eloquente, che parla di un'altra idea, diversa se non opposta: *"Il mio bisogno è di essere morto. Assolutamente, completamente morto."*

Il film è anche una storia di conversione e di redenzione: alla fine del viaggio, alla fine del film, Isak Borg non è lo stesso uomo partito al mattino da Stoccolma. L'uomo freddo e insensibile; egoista e solitario, ricco e famoso ma vedovo e solo. E' un uomo nuovo, diverso, che rinasce ad una nuova vita. Morendo.

"Marianne si avvicinò a me. Aveva un buon profumo, e frusciava in modo dolce, femminile. Si chinò su di me."

Isak: *Grazie per la tua compagnia, durante il viaggio.*

Marianne: *Grazie a te.*

Isak: *Ti voglio bene, Marianne.*

Marianne: *Anch'io ti voglio bene, papà Isak."*

Isak Borg, alla fine del viaggio, reale e metaforico, e alla fine della vita, si accorge di non aver detto mai ti voglio bene a nessuno, nemmeno alla moglie[92] e, siccome si rende conto di essere una persona diversa da quella anaffettiva che ha intrapreso il viaggio al mattino presto; si rivolge con amore e dolcezza alla nuora. E' l'immagine della sua rinascita a nuova vita, proprio nei momenti che, probabilmente, precedono la sua morte.

Il film termina con un lungo, accorato, miracoloso, primissimo piano di Isak Borg nel letto, che *in articulo mortis*, si è pacificato con se stesso e mostra tutta la sua ritrovata tranquillità e il ritrovato equilibrio di sentimenti nei confronti degli altri. Parlando durante il discorso di commemorazione, pronunciato dopo la sua morte, in onore di Viktor Sjostrom, Bergman tornò sulla scena finale del film e disse che (il volto di Viktor, n.d.A.) "...era stato toccato da una luce segreta, come riflessa da un'altra realtà. Era un miracolo. Mai prima di allora avevo sperimentato un volto così nobile e liberato."

IL TEMA DELLA IDENTIFICAZIONE.
1. BERGMAN IN ISAK BORG.

Tra tutti i film di Ingmar Bergman, Il posto delle fragole, è il film nel quale, di più e meglio, si giunge, attraverso l'attenta analisi dei dialoghi, alla esatta identificazione del regista (che è anche sceneggiatore) nei suoi personaggi. Ingmar Bergman, che all'epoca del film è appena quarantenne, pare iniziare una vera e propria seduta psicoanalitica ("*...film come sogni, film come musica. Nessuna arte passa la nostra coscienza come il cinema, che va diretto alle nostre sensazioni, fino nel profondo, nelle stanze scure della nostra anima.*") e si identifica

---

92 Nel prologo Isak Borg scrive: "*Mia moglie Karin morì molti anni fa. Il nostro matrimonio fu alquanto infelice. Ho la fortuna di avere una buona governante.*"

innanzitutto col vecchio protagonista Isak Borg. Lo stesso Bergman lo confessa: (in Isak Borg, n.d.A.) ..."Modellavo un personaggio che esteriormente somigliava a mio padre, ma che ero io in tutto e per tutto. Io sui 37 anni di età, tagliato fuori dalle relazioni umane, che recidevo i rapporti, autosufficiente, chiuso, non solo abbastanza fallito, ma completamente fallito. Coronato dal successo, però. E bravo. E per bene. E disciplinato[93]".

Ci si può considerare falliti o esserlo, anche se si è ricchi e famosi: avviene anche per il protagonista Isak Borg ciò che Ingmar Bergman descrive nella sua frase precedente. Emblematica, da questo punto di vista anche la famosa frase di Isak Borg tratta dalla sceneggiatura del film: *"Mia moglie Karin è morta da molti anni. Il nostro non è stato un matrimonio felice. In compenso ho una buona governante"*.

Tale tipo di non-sentimenti Isak Borg li esplica verso tutti *(erga omnes)*. A cominciare dal figlio Evald che lo rispetta, ma segretamente lo odia, come gli confida la nuora Marianne, nella conversazione che i due hanno all'inizio del loro viaggio assieme.

Isak Borg: *"Un patto è un patto, mia cara Marianne. E io so che Evald mi comprende e mi rispetta"*.

Marianne: *"Può darsi, ma ti odia anche"*.

Per proseguire poi, proprio con la nuora Marianne, con la quale ha avuto un rapporto basato sull'indifferenza reciproca e con la quale si accorge di non aver quasi non ha mai parlato.

Marianne (rivolta ad Isak Borg): *".... Ti ricordi cosa mi dicesti?"*

Isak Borg (rivolto a Marianne): *"Ti dissi di tutto cuore che eri la benvenuta"*.

Marianne: *"Ecco cosa mi hai detto (ma te lo sei dimenticato):*

---

93 Ingmar Bergman, *Immagini.*

Non provate a immischiarmi nei vostri problemi matrimoniali, tu e Evald, perché me ne infischio, che ognuno si risolva i suoi problemi."

Iak Borg: *Ho detto così?*
Marianne: *Peggio.*
Iak Borg: *Davvero!*
Marianne: *Hai detto, testuali parole: Non ho nessun rispetto per le sofferenze psichiche, quindi non venire a lamentarti da me. Ma se hai bisogno di un po' di masturbazione mentale posso trovarti qualche buon ciarlatano dello spirito. O magari un prete, sono così di moda ai nostri giorni.*
Iak Borg: *Ho detto questo?*
Marianne: *Sei piuttosto categorico nei tuoi giudizi, papà Isak. Sarebbe terribile dover dipendere da te in qualsiasi modo.*
Iak Borg: *Può darsi. Se devo essere sincero mi ha fatto molto piacere averti in casa.*
Marianne: *Come un gatto, allora.*
Iak Borg: *Come un gatto o un essere umano, non fa differenza. Tu sei una ragazza in gamba, e mi dispiace esserti antipatico.*
Marianne: *Non mi sei antipatico.*
Iak Borg: *Ah.*
Marianne: *Mi fai pena.*

Per finire, anche con la sua brava governante Agda, con la quale pure ha continui battibecchi.
Isak Borg (rivolto alla governante Agda, all'inizio del film): *"Non so davvero come ho potuto sopportare la vostra sfrenata volontà di potenza per tutti questi anni".*
Agda: *"Ditemelo, e sarà finita domani stesso".*
Isak Borg: *"Ad ogni modo andrò in macchina, e voi fate quello che diavolo volete. Sono adulto, e non devo sopportare le vostre prepotenze".*

Alla fine del film proprio avendo un breve colloquio con gli stessi personaggi, ma di tutt'altro tenore si capirà che la metamorfosi del dottor Isak Borg, avviatasi con i due sogni, sta giungendo alla perfezione. Isak Borg, nel corso del film, incassa la riconoscenza e la stima solo dal signor Ackerman, il benzinaio[94], che chiama la moglie per presentargli trionfante il suo amico dottore.

Ackerman: *"Ecco il dottor Borg in persona. Questo è l'uomo di cui parlano sempre mamma e papà, e l'intero distretto. Il miglior dottore del mondo."* Ne riconosce la grande professionalità e, addirittura, promette di attribuire al figlio in arrivo lo stesso nome del dottore. Infine, come una voce fuori dal coro, ne canta la sua grande umanità e disponibilità nei confronti dei pazienti. A testimoniare, forse, che il riconoscimento professionale che lo attende a Lund ha validi presupposti nell'esercizio della sua attività sanitaria. L'anziano protagonista pare nutrire una forma di rispetto solo per la madre, molto più anziana di lui. Ma, che non sembra, peraltro, amare profondamente, e con la quale si intrattiene solo in rapporti poco meno che formali. Egli effettuerà, infatti, durante il viaggio, una deviazione dall'itinerario con relativa sosta a casa della madre, per salutarla, ma pare, più per rispetto che per vero amore. Al punto che ci si chiede se il dottor Isak Borg non si sia disabituato ad amare il suo prossimo o se sia mai stato capace di amarlo.

Dalla sceneggiatura del film, durante la scena iniziale, lo stesso Isak Borg recita eloquentemente: *"...ho finito per ritirarmi quasi del tutto dalla società, poiché i nostri rapporti con gli altri consistono più che altro nel discutere e giudicare la condotta di coloro che ci circondano... tutto quello che chiedo*

---

94 Interpretato da Max von Sydow in un prezioso cammeo dopo il ruolo da protagonista ne *Il settimo sigillo* (*Det sjunde inseglet*, 1957).

alla vita è di essere lasciato in pace e di avere la possibilità di dedicarmi alle cose che continuano a interessarmi".

Passata abbondantemente la metà del film Isak Borg vive un altro sogno, anzi un altro incubo. Viene accolto da un suo professore dell'università che assume le sembianze del signor Alman, l'uomo al quale ha dato un passaggio in macchina in seguito all'incidente avuto sulla strada, ma che ha fatto scendere dopo un breve tragitto perché colpevole di aver provocato la moglie, con la quale ha avuto una violenta lite. Alman, attraverso un breve corridoio, lo conduce in un aula che somiglia alla vecchia aula del Policlinico, dove sosteneva gli esami di medicina. Dopo un esame che per Isak Borg si rivela fallimentare, Alman legge al dottore la sentenza.

Isak Borg: *"Che cosa avete scritto sul mio libretto?"*

Alman: *"La mia conclusione."*

Isak: *"E sarebbe?"*

Alman: *"Che siete incompetente."*

Isak Borg: *"Incompetente?"*

Alman: *"Inoltre professor Borg voi siete accusato di altre colpe, minori, ma gravi tuttavia. Indifferenza, egoismo, mancanza di riguardo."*

Isak Borg: *"No."*

Alman: *"Queste accuse sono state formulate da vostra moglie. Volete avere un confronto con lei?"*

Isak Borg: *"Ma mia moglie è morta da molti anni."*

Alman: *"Credete che io scherzi? Prego, volete venire con me volontariamente? D'altronde non avete scelta, venite!"*

I due si ritrovano in un bosco buio e infestato dai serpenti dove Alman lo conduce a spiare la moglie che fa l'amore con un altro uomo.

Alman: *"Molti uomini dimenticano una donna morta da trent'anni. Alcuni conservano di lei una dolce immagine sbiadita, ma voi potete sempre rievocare questa scena nella vostra memoria. Strano, vero? Martedì 1° maggio 1917. Voi stavate qui, e udiste e vedeste esattamente tutto ciò che quella donna e quell'uomo dissero e fecero."*

Forse è proprio questo sogno che smuoverà profondamente la coscienza del dottor Isak Borg e lo costringerà all'auto-esame che lo porterà alla sua definitiva redenzione. Quando l'incubo si dissolve: a Isak Borg pare di sentire la voce famigliare e dolce di Sara. *"In quel momento mi svegliai. La macchina era ferma e il temporale era cessato, ma piovigginava ancora leggermente. Eravamo nelle vicinanze delle Fonderie Stromsnas, dove la strada costeggia da un lato fitte foreste e dall'altro le rapide del fiume. Regnava un perfetto silenzio. I tre ragazzi erano scesi dalla macchina e Marianne se ne stava tranquillamente a fumare una sigaretta, mandando il fumo fuori attraverso il finestrino aperto. Dalla foresta bagnata giungevano folate di odori forti e piacevoli."*

Solo alla fine del film, quindi alla fine del viaggio, il dottor Isak Borg vive alcuni momenti di breve ma intensa umanità e socializzazione. Quando, ad esempio, chiede scusa alla sua governante Agda per la piccola lite mattutina. Con essa finirà per familiarizzare spontaneamente, chiedendole di smettere di fare cerimonie con lui e, addirittura, di darsi del tu. Richiesta che, peraltro, la puritana, anziana e saggia Agda rifiuta. *"Alla nostra età bisogna sapere come comportarsi. Non le pare professore?"* Oppure quando, quasi evangelicamente, tenta di rimettere il debito che il figlio ha nei suoi confronti, preoccupandosi non di riscuotere il denaro, ma piuttosto di sapere come andrà a finire tra lui e Marianne e se il figlio ha l'effettiva intenzione di proseguire la sua storia con la moglie.

Evald vuole continuare: la nuora Marianne dice di volerci pensare. Oppure quando commosso dall'ultima testimonianza

d'affetto e di stima dei giovani autostoppisti, capeggiati dalla esuberante Sara[95], chiede commosso di dargli notizie di loro.
"Scrivete qualche volta."
E vive anche un momento di intensa e delicata intimità, un momento di vera umanità e dolcezza, forse il primo della sua intera vita, quando saluta, forse per l'ultima volta la nuora Marianne. Si legge dalla sceneggiatura originale del film.
"...Marianne si avvicinò a me. Aveva un buon profumo, e frusciava in modo dolce, femminile. Si chinò su di me."
Poi il dialogo: breve ma intenso e significativo.
Isak Borg: "Grazie per la tua compagnia, durante il viaggio".
Marianne: *"Grazie a te".*
Isak Borg: *"Ti voglio molto bene Marianne".*
Marianne: *"Anch'io ti voglio bene, papà Isak".*
L'ultima scena de Il posto delle fragole è poesia pura e rappresenta anche la sintesi di tutto il film.
Isak Borg, da vecchio, cerca i genitori; torna nel posto delle fragole; incontra Sara che pronuncia la famosa frase: "Isak, caro, le fragole sono finite.[96]"
Poi, arrivando nella piccola baia, vede da lontano i suoi genitori seduti in riva al mare che lo salutano con la mano.
"Non so ora, né sapevo allora quanto io, attraverso Il posto delle fragole, facessi un appello ai miei genitori: guardatemi, capitemi, e se possibile, perdonatemi.[97]"

---

95 *"Ciao papà Isak. Lo sapete, siete voi il mio vero amore, oggi domani, sempre."*
96 Qualche traduttore riporta la frase in modo meno semplice e più farraginoso: *"Isak, caro, non ce ne sono più, di fragole!"*
97 Ingmar Bergman, *Immagini.*

IL TEMA DELLA IDENTIFICAZIONE
2. BERGMAN IN ANDERS E VIKTOR.

Ma, oltre che con il vecchio dottore Isak Borg, tra i personaggi de Il posto delle fragole, Ingmar Bergman si identifica anche con i due universitari: Anders e Viktor. Due giovani, dal punto di vista della formazione culturale, della personalità e del carattere, antitetici e sempre contrapposti dialetticamente. I due incarnano, evidentemente, le due diverse, contrapposte anime del maestro, eternamente divise tra il credere e il non-credere[98]; sempre indecise, incapaci di prendere una decisione finale; avvolte dal dubbio del nulla dopo la morte, ma accarezzate dal fascino della fede[99]. Nel Settimo sigillo la parte religiosa, mistica, credente, sebbene alla costante ricerca di prove dell'esistenza di Dio è impersonata nel cavaliere Antonius Block; mentre lo scudiero Jons, ateo dichiarato, razionalista impenitente, ne incarna il pragmatismo, la disillusione, il disincanto, lo scetticismo, nei confronti di qualsiasi forma di trascendenza. Non era, forse, lo stesso Bergman che ripeteva: "Veramente io non credo in Dio, ma la faccenda non è così semplice, tutti portiamo un Dio dentro noi stessi, tutto forma una trama che ci pare a volte di riconoscere, soprattutto al momento della morte".[100]

Oppure, con un'espressione dal profondo sapore

---

98 "Non appartengo a nessuna religione, non ho mai avuto bisogno di nessun Dio, o salvazione, o vita eterna: io sono il mio Dio, provvedo io stesso a contornarmi d'angeli e demoni, vivo su una spiaggia pietrosa sommersa nelle onde di un mare che mi protegge." (Ingmar Bergman, Lanterna magica)
99 "Ne Il posto delle fragole, a rivestire i panni dell'ateo e del credente, che si contrappongono dialogicamente, sono i due studenti, spasimanti al seguito della giovane Sara: Victor, razionalista ateo e Anders, credente che aspira a diventare pastore." (Salvatore M.Ruggiero, Il settimo sigillo)
100 Ingmar Bergman, Lanterna magica.

nichilista: ..."*sei nato senza scopo, vivi senza significato, la vita è significato a se stessa. Quando muori ti spegni. Dall'essere ti muterai in non-essere. Non è necessario che un Dio dimori tra i nostri atomi sempre più capricciosi.*" [101]

O, ancora, quando ripercorre i sentieri di Nietzsche: "*Le uniche alternative all'inferno in terra sono la fede in Dio o il suicidio. Ma Dio è morto, oppure è ridotto al silenzio, il che è lo stesso.*[102]"

Ma torniamo, per un momento, ai due giovani spasimanti di Sara: Anders, studia teologia e crede in Dio; Viktor, studia medicina ed è ateo. Ateo proprio come Ingmar Bergman[103].

Illuminante il breve ma intenso dialogo dei due giovani nel corso del pranzo. Introdotto da una frase panteistica[104] di Anders: "*Oh! Quando vediamo tanta bellezza in ogni cosa del creato, quanto più bella dovrà essere la fonte eterna di questa emanazione!*"

Sara, rivolta a Isak Borg: "*Anders diventerà pastore (il padre di Bergman era pastore luterano, n.d.A.), e Viktor medico*".

Viktor: "Avevamo giurato che non avremmo parlato né di Dio né della scienza per tutta la durata del viaggio. Considero l'esplosione lirica di Anders una violazione del patto."

Sara: "*Oh, è stato bello!*"

Viktor: "*Inoltre, non posso capire come un uomo moderno possa fare il pastore. Anders non è un perfetto idiota*".

Anders: "*Lascia che ti dica che il tuo razionalismo è una incomprensibile insulsaggine. E neanche tu sei un idiota*".

---

101 Ingmar Bergman, *Lanterna magica*.
102 Ibidem.
103 "Io non sono un credente, qualsiasi forma di salvazza ultraterrena mi suona blasfema." (Ingmar Bergman, Lanterna magica)
104 Il panteismo (p.., pan = tutto e .e.. , theos = Dio, vuol dire letteralmente Dio è Tutto e Tutto è Dio) è una visione per cui ogni cosa è permeata da Dio.

Viktor: *"Secondo me, l'uomo moderno guarda in faccia la propria insignificanza, e crede in se stesso e sulla propria morte biologica. Tutto il resto è privo di senso".*

Anders: *"E secondo me l'uomo moderno esiste solo nella tua fantasia. Perché l'uomo guarda alla propria morte con orrore, e non può rassegnarsi alla sua insignificanza".*

Viktor: *"Va bene. La religione è come l'oppio per i malati. Oppio per calmare il dolore. Se è questo che vuoi."*

Sara: *"Non sono fantastici? Mi sento sempre d'accordo con l'ultimo che parla. Non è interessante da matti?"*

Viktor: (Arrabbiato) *"Quando eri piccolo credevi in Babbo Natale e adesso credi in Dio."*

Anders: *"E tu hai sempre sofferto di una incredibile mancanza di immaginazione."*

Ma Bergman, che non pare avere problemi ad identificarsi anche in personaggi femminili, mette in bocca a Sara la domanda delle cento pistole, la domanda delle domande, insomma, la madre di tutte le domande.

Sara parla al posto del regista quando chiede ai duellanti: *"Allora (Dio) esiste, oppure no?"*

IL TEMA DELLA SEDUZIONE

Ne *Il posto delle fragole* torna, anche se appena accennato, un tema ricorrente, caro al regista, benché minore: il tema della seduzione. Tema trattato in maniera più approfondita in altre pellicole del regista. Vedi ad es. *L'occhio del Diavolo*[105] ispirato alla figura del Don Giovanni di Mozart. (*"La verginità di una giovane è come l'orzaiolo nell'occhio del diavolo."*)

---

105 *Djavulens oga*, 1960.

Non lo è forse o, comunque, non si comporta come tale, il cugino di Sara, Sigfrid? Che insidia la virtù della cugina proprio nel posto delle fragole, mentre la fanciulla ne raccoglie riponendole in un cestino, allo scopo di regalarle alla zio Aronne, per l'occasione del suo compleanno. Dalla sceneggiatura originale del film si legge: *"Sigfrid si chinò sulla ragazza, e la baciò in modo piuttosto galante sul collo niveo. Sara si adirò non poco."*

Si saprà nel corso della proiezione che Sara e Sigfrid si sono sposati. *En passant* il tema della seduzione viene accennato da Ingmar Bergman addirittura ne *Il settimo sigillo*. Non è un seduttore il vecchio attore Skat che insidia Lisa, la moglie del fabbro Plog, nel bosco dietro le quinte del rabberciato teatrino organizzato dalla scalcagnata compagnia di giro di Jof (interpretato da un grande Niels Poppe)? Ed infine, non è forse un seduttore l'uomo col quale la moglie di Isak si accompagna nel bosco e che finisce per possederla? *"E ora andrò a casa e racconterò tutto a Isak; so già cosa mi dirà: povera bambina, quanta pena mi fai. Come se fosse Dio in persona."*

CONCLUSIONI

Il posto delle fragole è un film perfetto, basato su una sceneggiatura di ferro, circolare, con una struttura e uno sviluppo che non ha cedimenti, smagliature né lacune. Affronta diversi temi, in pratica tutti quelli più cari alla filmografia di Ingmar Bergman. Isak Borg incarna la problematica del fallimento umano, professionale e affettivo; l'egoismo, la incomunicabilità e la solitudine umani. Ma pone anche il problema dell'uomo che si trova davanti alla morte, quindi avverte la necessità della ricerca del trascendente e di Dio. Attraverso Isak Borg, Ingmar Bergman si pone anche l'obiettivo di effettuare una lettura psicologica e psicoanalitica dell'intera esistenza umana. La paura incombente della morte, impone al venerando dottor Isak

Borg un doveroso approfondimento della propria vita; un vero e proprio esame. Alla fine il protagonista riuscirà a liberarsi del fardello del proprio egoismo; uscirà dal bozzolo della sua solitudine e riuscirà ad aprirsi agli altri. Il tutto avviene con una costruzione filmica classica, senza le innovazioni e le sperimentazioni che Ingmar Bergman inizia ad adottare nei suoi film una decina di anni dopo[106].

Qualche critico ha visto nelle scene iniziali del sogno un richiamo evidente al *Carretto fantasma*, film muto del 1921 diretto dallo stesso protagonista: Viktor Sjostrom, e un riferimento più indiretto, ma ugualmente evidente, al cinema espressionista tedesco: *Vampyr,* uno dei primi film dell'orrore, diretto da Dreyer, nel 1932, ad esempio. Mentre, qualcuno altro ha colto una analogia di ispirazione e una somiglianza psicofisica di Isak Borg col protagonista di *Umberto D.*, capolavoro del neorealismo italiano, diretto da Vittorio De Sica nel 1952 e anche col protagonista di *Vivere* diretto sempre nel 1952 da Akira Kurosawa.

Il posto delle fragole rappresenta per Ingmar Bergman quello che *À la recherche du temps perdu* rappresenta per Proust. E le fragole sono le sue *madeleine*. Si sa, infatti, che Bergman ama Proust e come Proust è convinto che *"la realtà non si forma che nella memoria"*.

Il posto delle fragole è anche un film sulla nostalgia e sulla giovinezza e un film sugli affetti come valore primario

---

106 Con *Persona* (*Persona*, 1966), *L'ora del lupo* (*Vargtimmen*, 1967) e con *Passione (En passion,* 1969).

dell'esistenza[107].

"Insomma il film è un itinerario spirituale nella memoria ...alla ricerca del tempo perduto, nel senso più proustiano del termine.[108]"

Ma Bergman ama e conosce profondamente anche l'opera di August Strindberg, e come lui è un fervente sostenitore dell'autobiografismo come forma alta di letteratura. *"C'è solo il presente e l'infanzia ricordata, rivissuta, è una sorta di prova generale, un mondo perduto di luci, profumi, suoni.[109]"*

E viene anche da chiedersi quanta parte abbia avuta il vecchio regista nel successo del film di Bergman. Il quale ammise candidamente di avere scritta la sceneggiatura de *Il posto delle fragole*, senza mai pensare, nemmeno una volta, a Viktor Sjostrom come ad un possibile protagonista.

Fu solo quando Carl Anders Dymling gli avanzò concretamente la proposta che iniziò a pensarci.

Infine, Bergman, ancora sulla sua scelta: *"Credo di essere rimasto incerto abbastanza a lungo, prima di accettarla."*

La recitazione dell'anziano attore-regista è perfetta. Il suo personale ideale per la parte, le espressioni del suo volto, la mobilità dei suoi occhi, la naturalezza con la quale si cala nel personaggio e lo fa suo, la gestualità misurata ed elegante, hanno consentito la creazione di quella alchimia giusta ed irripetibile per la realizzazione di un capolavoro acclamato. Lo stesso Ingmar Bergman nel suo libro-diario Immagini,

---

107 *"Siamo un esercito di milioni di povere anime invalide che si aggirano per il mondo chiamandosi con parole disperate senza riuscire a comprendersi, suscitando in noi terrore."*
(Ingmar Bergman)
108 Antonio Costa, *Ingmar Bergman.*
109 Ingmar Bergman, Lanterna magica.

descrisse perfettamente quello che era avvenuto sotto i suoi occhi impotenti ma evidentemente soddisfatti. *"... Non avevo capito che Viktor Sjostrom si era preso il mio testo, l'aveva fatto suo e vi aveva immesso le sue esperienze: la sua sofferenza, misantropia, indifferenza, brutalità, dolore, paura, solitudine, gelo, calore, acidità, noia. Si era impadronito della mia anima nella figura di mio padre e se ne era appropriato: non ne era rimasta neppure una briciola! Fece tutto questo con la sovranità e l'ossessione delle grandi personalità. Non avevo nulla da aggiungere, neppure un commento ragionevole o irrazionale. Il posto delle fragole non era più il mio film, era il film di Viktor Sjostrom."*

Non c'è da meravigliarsi, quindi, se Ingmar Bergman col suo capolavoro riesce a cogliere perfettamente l'obiettivo che si era prefisso col suo film: l'uomo storico, attraverso un'autocritica; attraverso una dura, spietata, presa di coscienza della sua intera vita, può accorgersi che, se è stata guidata dall'egoismo, dalla solitudine, e dalla incapacità di dialogare con gli altri e, soprattutto, di amare[110] gli altri, essa è fallimentare. Ma anche, che si può riscattare la propria intera esistenza aprendosi agli altri: *"Dobbiamo avere qualcuno da mare, se non lo abbiamo è come essere morti. L'amore abbraccia tutto anche la morte. Credo nell'amore per il nostro prossimo. Se tutti gli esseri umani fin da piccoli imparassero a curarsi l'uno dell'altro, il mondo sarebbe diverso."*

---

110 "Dio è l'Amore, e l'Amore è Dio. L'Amore è una prova dell'esistenza di Dio. L'Amore è la sola realtà di questo nostro pietoso mondo terreno." (Ingmar Bergman)

NOTIZIE SUL FILM

Titolo originale	*Smultronstället*
Lingua originale	svedese
Paese di produzione	Svezia
Anno	1957
Durata	91 min
Colore	B/N
Audio	sonoro (mono)
Rapporto	1,37:1
Genere	drammatico, sentimentale
Regia	Ingmar Bergman
Soggetto	Ingmar Bergman
Sceneggiatura	Ingmar Bergman
Produttore	Allan Ekelund
Casa di produzione	Svensk Filmindustri (SF)
Fotografia	Gunnar Fischer
Montaggio	Oscar Rosander
Musiche	Erik Nordgren
Scenografia	Gittan Gustafsson
Costumi	Millie Ström
Trucco	Nils Nittel

PERSONAGGI E INTERPRETI

Victor Sjöström: Dottore Isak Eberhard Borg
Bibi Andersson: Sara, la giovane autostoppista
Ingrid Thulin: Marianne Borg, nuora di Isak Borg
Gunnar Björnstrand: Evald Borg, figlio di Isak
Borg e marito di Marianne
Jullan Kindahl: Agda, la governante
Folke Sundquist: Anders, uno studente
Björn Bjelfvenstam: Viktor, uno studente
Naima Wifstrand: signora Borg, madre di Isak
Gunnel Broström: sig.ra Alman
Gertrud Fridh: Karin Borg, moglie di Isak
Sif Ruud: zia Olga
Gunnar Sjöberg: Sten Alman / L'esaminatore
Max von Sydow: Henrik Åkerman, il benzinaio
Åke Fridell: amante di Karin
Yngve Nordwall: zio Aron
Per Sjöstrand: Sigfrid Borg
Gio Petré: Sigbritt Borg
Gunnel Lindblom: Charlotta Borg
Maud Hansson: Angelica Borg
Ann-Marie Wiman: Eva Åkerman
Eva Norée: Anna Borg
Lena Bergman: Kristina Borg, gemella di Birgitta Borg
Monica Ehrling: Birgitta Borg, gemella di Kristina
Peder Hellman: bambino di Sigbritt
Ulf Johansson: signor Borg, padre di Isak
Göran Lundquist: Benjamin Borg
Wulff Lund
Gunnar Olsson:
Vendela Rudbäck: Elisabeth, cameriera della signoraBorg
Per Skogsberg: Hagbart Borg
Helge Wulff: il manager

PREMI VINTI

•

1963, Kinema Junpo Awards (Giappone):

•

Migliore film straniero, Ingmar Bergman

•

1960, Premio Golden Globe (USA):

•

Golden Globe, migliore film straniero, a pari merito
con Orfeo negro, La chiave, Il ponte, Finalmente
l'alba di Kurt Hoffmann

•

1960, Sindacato Nazionale Giornalisti Cinematografici Italiani:

•

Nastro d'argento, regia del migliore film straniero,
Ingmar Bergman

•

1959, Premio Oscar (Academy Awards):

•

Nominato, per l'Oscar alla migliore sceneggiatura
originale, Ingmar Bergman

•

1959, Bodil Awards (Danimarca):

•

Bodil a Ingmar Bergman, miglior film europeo

•

1959, Festival Internacional de Mar del Plata (Argentina):

•

Migliore attore, Victor Sjöström

•

Migliore film, Ingmar Bergman

- 1958, Mostra Internazionale d'Arte Cinematografica di Venezia:
  - Premio della critica a Ingmar Bergman
- 1958, Festival di Berlino (Germania):
  - FIPRESCI a Victor Sjöström, alla carriera e alla sua interpretazione nel film
  - Orso d'Oro a Ingmar Bergman
- National Board of Review Awards 1959: miglior film straniero, miglior attore (Victor Sjöström)

I CRITICI HANNO DETTO DEL FILM

Ingmar Bergman ha racchiuso tutto il prestigio culturale e tutto l'estro inventivo del suo impegno registico. In questo film armoniosamente confluiscono le più valide esperienze del cinema svedese, tipicamente caratterizzate da un contemplativo sentimento della natura e da validissime costanti espressive e psicologiche, insieme al gusto, all'apertura culturale, alla problematicità addirittura filosofica delle più fervide correnti del miglior cinema europeo. In Ingmar Bergman l'esperienza della regia teatrale si associa ormai a quella collaudatissima della macchina da presa onde comporre una lucidissima architettura, dove tutto appare esattamente calibrato in virtù di una elaborata meditazione di un problema squisitamente umano, che appassionatamente sollecita intelletto e cuore al di fuori di ogni facile lenocinio esteriore. (Renato Buzzonetti in *Studi Cattolici*)

Bergman, ne Il posto delle fragole *mostra di prediligere il monologo interiore, il concetto di tempo bergsoniano, il surrealismo, i sogni, le associazioni e dissociazioni di pensiero: e in questo ambito sono esatte le citazioni e i rimandi: Proust, Joyce, Faulkner. Si è fatto talvolta, è vero, anche il nome di Kierkegaard e dalla critica francese così tesa e incantata (incatenata?) ai richiami della moda esistenzialista; ci sembra tuttavia che al buon ascolto non sia seguita una precisa concatenazione di ragionamenti, o quanto meno di conclusioni critiche, che comportano limiti di natura artistica e di morale storica...* Il posto delle fragole *è un'opera chiave nella tematica di Bergman o meglio un film che sembra voglia dare o indicare una soluzione il problema principe di essa: la solitudine.* (Guido Aristarco, *Il mestiere del critico*)

LA FONTANA DELLA VERGINE

(1957)

Titolo originale: *Junkfrukullan*

Titolo in inglese: *The Spring of the virgin*

"Ma tu vedi, Dio! Tu vedi, vedi la morte di un innocente, vedi la mia vendetta e non l'hai impedito. Io non ti capisco! Eppure adesso chiedo il tuo perdono. Non conosco altro mezzo per conciliarmi con queste mie mani, non conosco altro modo per vivere. Ti faccio voto, o Signore, qui, in penitenza del mio peccato, di edificare una chiesa con queste mie mani".

(Il signore Tore ha appena ammazzato i tre pastori che hanno violentato e ucciso sua figlia Karin, è inginocchiato a terra, davanti al suo corpo inanimato).

PRESENTAZIONE

"Mareta[111] è il mio nome. Vivo con il mio uomo Tore[112]. E la nostra figlia Karin[113] e un'altra ragazza, Ingeri[114], incinta chissà di chi, piena d'invidia e un po' selvatica. Una vita dura la nostra, nella foresta: piena di privazioni di stenti, di pericoli. Il freddo, gli animali, le maledizioni che pesano sulla campagna, gli strani esseri che la popolano di notte. E poi i briganti. Ci salva, ci da un po' di speranza, la nostra devozione. Stavolta tocca a Karin portare le candele: è un'incombenza che la tradizione riserva alle vergini. Non potrei mai sopportare che le accadesse qualcosa. Non lo sopporterebbe Tore, che non mi perdonerebbe di averla esposta a rischi inutili. Eppure Tore a suo modo è un uomo di fede, ed è un uomo della tradizione. Se dovesse capitare qualcosa a nostra figlia, scannerebbe i responsabili come maiali, ma prima di farlo si dovrebbe lavare e purificare percuotendosi con rami e foglie di betulla. Un rito terrificante, perché è una sorta di risanamento che precede la morte.[115]"

La tragedia, dunque, sembra aleggiare nell'aria, quasi viene suggerita allo spettatore, fin dalle prime battute del film, dalla presentazione di Mareta.

E lo spettatore percepisce subito la tragedia, quasi come se il suo svolgimento fosse ineluttabile.

Ma, dal breve *incipit* della sceneggiatura è possibile cogliere alcuni altri importanti aspetti dai quali il film è profondamente permeato.

---

111 Interpretata da Birgitta Valberg.
112 Interpretato da Max von Sidow.
113 Interpretata da Birgitta Petterson.
114 Interpretata da Gunnel Lindblom.
115 Dalla sceneggiatura de *La fontana della vergine*.

Uno, ad esempio, è il contrasto tra cristianesimo, che si va diffondendo anche all'estremo Nord dell'Europa, e paganesimo tradizionalista e ancora imperante, che caratterizza l'epoca storica nella quale i protagonisti agiscono.

Contrasto incarnato nella figura centrale del film: il signore Tore (che... *"a suo modo è un uomo di fede")*, che prega il Cristo prima della cena; chiede al Cristo di proteggere la figlia Karin in procinto di partire per il rito dei ceri verso la chiesa lontana: *"Cristo protegga la tua giovane vita."* le dice.

Tore, pur dichiarandosi credente - prega in compagnia della moglie, davanti al grande crocefisso, quasi in grandezza naturale, che i due coniugi hanno nella loro camera, chiedendo a Dio di tenere lontano il Male dalla sua casa - non sembra molto convinto.[116]

Contemporaneamente alla preghiera pare pensare: *"Prego Iddio senza fiducia. Bisogna arrangiarsi da soli per quanto è possibile.[117]"*

Ma, dimenticando il perdono evangelico, imbocca la via della vendetta personale e privata come unica forma di giustizia terrena mostrando di essere, come dice Mareta... *"un uomo della tradizione."*

Egli non sembra nemmeno convinto del significato della missione della figlia Karin, ritenendo che nel tragitto tra la sua casa e la chiesa essa correrà seri ed *inutili* rischi per la sua incolumità.

Tutto sommato, dietro il paravento del cristianesimo sposato come religione nuova ma non ancora assimilato del tutto nei sui dettami e nei suoi principi e sotto l'influsso ancora pressante della tradizione pagana, Tore sembra gestirsi come si

---

116 La moglie, nella stessa scena, lo rimprovera di non avere ...*"Mai un pensiero rivolto a Dio."*

117 La frase è tratta dalla sceneggiatura di uno dei tanti film di Ingmar Bergman.

gestirebbe un uomo forte ma ateo; risoluto ma senza remore morali cristiane, desideroso di affermare la sua primazia sul suo piccolo regno materiale; che ha il dovere di difendere le persone del suo entourage famigliare dalle minacce e dagli assalti provenienti dall'esterno: *"Non appartengo a nessuna religione, non ho mai avuto bisogno di nessun Dio, o salvazione, o vita eterna: io sono il mio Dio, provvedo io stesso a contornarmi di angeli e demoni, vivo su una spiaggia pietrosa sommersa nelle onde di un mare che mi protegge.*[118] *"*

La compagna Mareta, a sua volta, mostra di essere anch'essa cristiana, ma nel contempo superstiziosa quando accenna alle maledizioni che gravano sulla campagna. E accetta l'apparente ineluttabilità della vita condotta in un posto freddo, isolato e inospitale come fosse una specie di missione. Poi, accenna al rito pagano al quale il marito si sottoporrà se dovesse ricorrere alla vendetta contro chi attentasse alla salute e alla verginità della figlia. (*"Se dovesse capitare qualcosa a nostra figlia, scannerebbe i responsabili come maiali, ma prima di farlo si dovrebbe lavare e purificare percuotendosi con rami e foglie di betulla."*)

Vendetta che essendo l'automatica conclusione della vicenda, a quel punto, sembrerebbe anch'essa ineluttabile.

L'altra ragazza, Ingeri, invece, è decisamente pagana. Nelle fasi iniziali del film, rivolge una preghiera al Dio Odino.

Allora, come può essere convinta della missione cristiana della sorellastra Karin?

Qualche critico ha visto, anche, nella questione del credo religioso; in questa distinzione quasi manichea tra cristiani e pagani, una vera e propria distinzione di classi sociali operata all'interno del film da Ingmar Bergman. Come se, in quell'epoca buia, il vecchio e polveroso paganesimo fosse

---

118 Ingmar Bergman, *Lanterna magica*.

appannaggio dei poveri e dei semplici, rimanendo ancorato nella loro psiche ingenua; mentre quelli appartenenti alle classi più abbienti si fossero convertiti senza riserve alla nuova ventata religiosa rappresentata dal cristianesimo[119].

Questa visione personale, e direi anche arbitraria, è smentita dal film, per tutta la serie di considerazioni appena espresse, ed è smentita anche dallo stesso Ingmar Bergman che parlava raramente di politica e solo quando veniva sollecitato ammetteva appena, quasi con pudore e a mezza bocca, di essere fondamentalmente un socialdemocratico.

Ed è smentita anche dal film: nella scena dove si vede e si sente benissimo che un'anziana fantesca, rivolgendosi a Karin che sta partendo per la chiesa, le porge un involucro contenente una focaccia in regalo per il sacerdote e le chiede di salutarlo e di recitare per lei delle preghiere cristiane: *"...cinque Paternoster e quindici Ave."*

SINOSSI

Il Signore Tore ha due figlie: Karin è bionda, bella e buona, vergine, zelante coi genitori coi servi e con gli estranei e, forse, proprio questa sua qualità le costerà la vita; Ingeri, in stato di gravidanza dopo una violenza sessuale, è buia, ombrosa e invidiosa di Karin, che detesta.

---

119 *"Per me Gesù Cristo rimane sempre l'incontestabile difensore della vita, di tutte le cose viventi, della vita spirituale. Egli appare in un mondo di legge, legalità, vuoto, paura, odio e disperazione mortale. Comprendo la santità di Gesù, col sentimento, non con la mia ragione. Per me Gesù è un essere umano che parla ad altri esseri umani e che vive e muore nel mondo dell'uomo. Solo in questo modo lo sento vicino e solo in questo modo posso capire cosa dice."* (Ingmar Bergman, *Lanterna magica*)

Karin ama il padre, che la adora ed ha con lui un ottimo rapporto filiale; non lo stesso trasporto pare legarla alla madre: quando si tratta di salutarli, prima della partenza, al padre concede un lungo appassionato abbraccio, alla madre punta un dito sulla fronte a simboleggiare un bacio che le concede solo per accontentare una sua precisa richiesta.

Quando apprende che Karin viene inviata a portare ceri alla Madonna che risiede nella sua chiesa di appartenenza[120], come solo una vergine può fare, Ingeri, che ancora non sa che accompagnerà la sorellastra, preparando le vivande per il viaggio, fa scivolare un rospo nel pane che servirà per la sua colazione.

E' quasi un rituale pagano di magia nera, per attirare il male sulla sorellastra.

Questo episodio quasi insignificante spiega anche il nervosismo che Ingeri mostra durante tutto il viaggio: si unisce a Karin solo quando la sorellastra lo annuncia avendo avuto il permesso dal padre e presagisce che qualcosa può succedere.

E quel presentimento spiegherebbe anche perché, ad un certo punto del tragitto, si separa dalla sorella e si rifugia in casa di un vecchio dedito alle arti magiche.

Che sia intenzionata a chiedere aiuto al vecchio per annullare la sua magia propiziatoria di sventure contro la sorellastra?

Lungo il tragitto Karin, che pur restando sola ha proseguito il suo viaggio, dopo aver litigato con la sorella e se ne è allontanata, è fermata da alcuni pastori (in realtà sono malfattori[121]) e si attarda a parlare con loro. Innocente e altruista, offre di condividere con loro il suo pasto.

---

120 Siamo nel giorno del Venerdì Santo, *"giorno* – dice la madre Mareta – *della Passione del Calvario."*

121 Una nota dopo la registrazione del brano, nel 1812, afferma che la cantante, Greta Naterberg, aveva detto che *vallare* (parola popolare con la quale di solito s'intende *pastori*) qui significa *ladri* o *banditi.*

Proprio mentre prendono il pane per cibarsene, il rospo depositato da Ingeri salta fuori dalla pagnotta.

Questo fatto buffo e divertente, ma increscioso irrita ed insieme eccita gli uomini.

Essi aggrediscono senza motivo la ragazza: prima la stuprano a turno, poi la uccidono selvaggiamente con un colpo di bastone sulla testa.

Quindi la spogliano della sua preziosa veste e lasciano il suo corpo esanime e nudo a terra.

Più tardi saranno, inconsapevolmente, ospitati a cena dal signore Tore ed alla sua famiglia, mentre si aspetta il ritorno di Karin e di Ingeri.

Strano atteggiamento - pare stranito e atterrito, roso dai sensi di una colpa non sua, ma solo a carico dei fratelli - quello del bambino che accompagna gli assassini: rifiuta il cibo, rovescia la ciotola sul tavolo e si rifugia tra le braccia dell'uomo muto.

Quando, inconsapevolmente, essi offriranno di vendere la veste di Karin, sporca di sangue, proprio a sua madre, la donna li rinchiude nella stanza per evitare che scappino e avverte il marito.

Il sospetto che qualcosa di grave e di inevitabile sia successo a Karin e che i pastori di capre ne sappiano qualcosa di più, anzi che possano essere loro gli assassini della figlia, si raggiunge col trafelato racconto della disperata di Ingeri, che è tornata, sbigottita e lacerata dai sensi di colpa.

Dopo aver abbandonato la sorellastra, infatti, ha assistito da lontano a tutta la scena dello stupro, dell'uccisione e del denudamento.

Aveva armato la sua mano con una grossa pietra, ma non ha avuto il coraggio di intervenire.

Il cristiano Tore, si accinge a mettere in atto la vendetta pagana di cui parlava Mareta.

La tragica morte della figlia Karin fa mettere da parte gli insegnamenti del vangelo cristiano ancora non del tutto assimilati; nel contempo fa riscoprire violentemente a Tore l'ancestrale richiamo della vendetta pagana.

Abbatte una betulla con la sola forza delle sue mani nude, quindi si sottopone al rituale dell'auto-fustigazione e della abluzione purificante.

Poi entra in casa per uccidere i due pastori e, con essi, anche l'incolpevole bambino che li accompagna.

Sembra, quasi, di assistere alla vendetta di Ulisse contro i Proci, con la quale si chiude l'Odissea di Omero.

Più tardi si reca alla ricerca del cadavere della figlia e, giunto sul punto esatto in cui la sua Karin giace morta, appena la stacca dal terreno, come per miracolo, in risposta divina al suo gesto, sullo stesso posto dove la sua testa esanime era poggiata, una polla d'acqua sgorga improvvisamente.

Tore fa un voto: giura che costruirà con le sue mani, proprio nel posto dove il cadavere di Karin è stato ritrovato, lasciando a testimonianza una polla d'acqua sorgiva, una chiesa di pietra e calce.

Tutti si detergono con l'acqua in segno di purificazione.

Anche Ingeri, che essendo incinta ed essendo stata violentata non è più vergine, e non è nemmeno cristiana, ma è pagana. Cade la contrapposizione con la sorellastra Karin: vergine e cristiana.

Ma Karin non muore perché cristiana, bensì perché il suo sacrificio deriva dalla violenza insensata dell'uomo.

Al di là delle disquisizioni accademiche e dei dogmi religiosi, al di là della presenza degli dei pagani e del Dio cristiano, Ingmar Bergman suggerisce che c'è tutta una dimensione umana da conquistare alla coscienza e con la coscienza.

Oltre al Dio[122] della fede[123], ci deve essere la ricerca perenne, incessante, umana di un Dio dentro ognuno di noi.

Dentro ogni uomo.

E, forse, la risposta suggerita da Ingmar Bergman è nell'Amore.[124]

ANALISI

Il 1959 fu un anno molto intenso nella vita privata e nella carriera teatrale e cinematografica di Ingmar Bergman.

Aveva terminato e presentato con successo di critica, un po' meno di pubblico, uno dei sui film più complessi *Il volto*[125] ed aveva bisogno di un periodo di relativo riposo, per ritemprarsi dalla fatica e dallo stress.

Sposò la sua quarta moglie, la pianista Kabi Laretei.

Chiuse il periodo di collaborazione col *Malmoe Stadteater* e fece una turneè a Parigi e Londra.

Dopo la morte dell'amico Dymling, alla direzione dello Svensk Filmindustri fu chiamato l'altro su amico Manne Fant, che lo coinvolse col ruolo di consigliere artistico.

La ripresa della sua febbrile attività cinematografica che, evidentemente, covava come il fuoco sotto la cenere, riprese

---

122 *"Veramente io non credo in Dio, ma la faccenda non è così semplice, tutti portiamo un Dio dentro noi stessi, tutto forma una trama che ci pare a volte di riconoscere, soprattutto al momento della morte."* (Ingmar Bergman, *Lanterna magica*)

123 *"Io non sono un credente, qualsiasi forma di salvezza ultraterrena mi suona blasfema."* (Ingmar Bergman, *Lanterna magica*)

124 *"Dio è l'Amore, e l'Amore è Dio. L'Amore è una prova dell'esistenza di Dio. L'Amore è la sola realtà di questo nostro pietoso mondo terreno".* (Ingmar Bergman, *Lanterna magica*)

125 *Ansiktet*, 1959.

proprio con *La fontana della Vergine* che, prima di consegnare al Genio di Uppsala il suo primo Oscar e il Golden Globe come Miglior film straniero nel 1961, fu osannato al Festival di Cannes del 1960.

21° film di Bergman, il primo (e anche l'unico e il solo) in cui l'intervento di Dio nell'azione assume concretezza: l'entità divina si materializza attraverso il miracolo finale della fonte.

Le scene, improntate ad un duro realismo, dello stupro, dell'omicidio della vergine e della vendetta di Tore subirono le pesanti forbiciate della censura.

Splendido, come sempre, il bianco e nero di Sven Nykvist, che non fa rimpiangere lo spettacolare bianco e nero gotico del predecessore Gunnar Fischer ne *Il settimo sigillo*.

"Nei due film di argomento medievale ma con contenuti diversi la direzione fotografica dà il meglio di se stessa offrendo nello stesso tempo una realizzazione pregevole che è anche una vera e propria ricerca nel perfezionismo delle immagini[126]."

Ambientato, come detto, in un livido medioevo, che lo accomuna a *Il settimo sigillo* - certamente il riferimento più immediato nella filmografia di Bergman - ma dal quale subito si distanzia, perché in esso la violenza appare come un fatto privato, mentre nell'altro era una caratteristica generale e generalizzata.

In quello la Morte era solo una maschera simbolica; in questo è reale: è la morte delle persone fisiche, prima di Karin e poi degli assassini e dell'incolpevole bambino.

E se ne differenzia anche perché qui non ci si occupa, né si preoccupa, delle grandi problematiche (o piaghe) dell'umanità ma dei piccoli-grandi drammi (fatti) privati.

In quello poi, Antonius Block (sempre interpretato da Max von

---

126 Claudio Papini, *Ben ritrovato Ernst Ingmar!*

Sidow) cerca Dio; nel successivo si invoca Odino, il dio pagano, e si prega il Dio dei cristiani in un'altra parte della casa.

"Nel film di Bergman ritroviamo inoltre il contrasto fra il culto più debole e benefico della vergine Madre (l'acqua è fonte di vita) e quello forte del padre geloso, vendicativo e all'occorrenza uccisore, che caratterizza l'Antico testamento.[127]"

In questo ci si sottopone ad un rituale catartico pagano che prelude alla vendetta e contemporaneamente si manda una vergine a portare i ceri alla lontana chiesa cristiana di appartenenza.

Insomma ne *La fontana della vergine* ci si trova nel bel mezzo di una continua tensione tra tradizione dell'antico e ventata della nuova religione; tra misticismo e pragmatismo; tra cristianesimo e paganesimo; tra misticismo e scetticismo.

In questo film *"Bergman scopre che la sofferenza, il sacrificio degli innocenti, la morte che lo scandalizzano, diventano, da un punto di vista superiore, la legge universale del mondo, l'ineluttabile compagno, o addirittura il motore necessario al suo cammino.[128]"*

Nel film, poi, al contrario de *Il settimo sigillo*, basato su una serrata sceneggiatura di ferro, Ingmar Bergman da molto più peso alle immagini che non alle parole, ai dialoghi, e fluisce lentamente *"...in un clima teso, ansioso, quasi livido.[129]"*.

E' come se Ingmar Bergman volesse indurre lo spettatore, già durante la visione, ad una più diretta ed immediata meditazione: *"Mi assumo la piena responsabilità del problema religioso che ho creato ne* Il settimo sigillo. *Una vera pietà*

---

127 Stefano Socci, *L'ombra scura della religione.*

128 Henri Agel e Amedèe Ayfre, *Le cinema e t le sacrè.*

129 G.L.Rondi, *La fontana della vergine*, in *Cinema ridotto* n.1, 1967.

romantica resa in una luce speciale. Anche, con La fontana della vergine, *la mia motivazione è stata estremamente mistica. Ma, il concetto di Dio che aveva iniziato, in me, molto tempo prima il suo ...fallimento, è rimasto, nel film, poco più che un accessorio. La cosa che mi interessava veramente era raccontare drammaticamente la storia orribile della ragazza e dei suoi stupratori, e la vendetta successiva di Tore. Il mio conflitto (in corso) con la religione era sulla via della sua completa definizione.*[130] "

Il soggetto è tratto da una ballata, elaborata a sua volta da una leggenda medievale svedese (*Töres dotter i Wänge*).

Mentre la sceneggiatura vede la firma eccellente di Ulla Isakson, una importante scrittrice svedese, nata a Stoccolma nel 1916 e morta nel 2000.

Autrice di romanzi, racconti e sceneggiature nei quali i temi principali sono le problematiche del sesso femminile, l'amore e i rapporti dell'individuo col divino.

Ella fu legata a doppio filo alla filmografia di Ingmar Bergman da ben tre importanti collaborazioni: *Alle soglie della vita*[131] (1958); *La fontana della vergine*[132] (1959); *Il segno*[133] (1986).

Pare che esista davvero la chiesa edificata da Tore in memoria della figlia Karin assassinata dopo essere stata stuprata.

La posizione geografica di *The Vange* è nel Malmskogen in Östergötland, nel sud-ovest della Svezia.

Nel 19° secolo, Erik Gustaf Geijer, storico, scrittore e compositore svedese vissuto a cavallo tra il 18° e il 19° secolo,

---

130 Ingmar Bergman, *Lanterna magica*.
131 *Nara livet* (t.l. *Vicino alla vita*)
132 *Jungfrukullan*.
133 *De tva saliga*.

86

ha osservato che le persone nella zona circostante, ancora riferivano numerose leggende sui tragici eventi tradotti dalla ballata. Il *plot* della storia originale è più chiaro ma anche più terribile nella versione più vecchia del 1673, che è anche più lunga rispetto a quella registrata nel 1812. E questa versione mostra delle evidenti analogie con la trama del film di Bergman, ma anche delle notevoli dissonanze. In pratica, le tre figlie di Pehr Tyrsson (Tore) e di sua moglie Karin vengono uccise da tre banditi sul cammino verso la chiesa. Gli assassini visitano la fattoria di famiglia e cercano di vendere le vesti di seta delle ragazze. La madre Karin riconosce le vesti, macchiate di sangue, e si rende conto che le figlie devono essere state uccise dagli uomini, riferisce al marito che ne uccide due di loro, ma lascia che il terzo in vita. Quando lui e Karin chiedono al bandito superstite chi sono e da dove provengono, quello dice loro che erano fratelli e che erano stati allontanati dai loro genitori quando erano molto giovani e che i loro genitori erano Tore e Karin in Vange. Rendendosi conto di aver ucciso i suoi figli, Töre esprime la promessa di costruire una chiesa per espiare i suoi peccati. Tre pozze d'acqua sorgeranno dove le tre fanciulle sono state trovate uccise.

Lo stesso manoscritto del 1673 dichiara addirittura l'esistenza della pozza di Vange *(Vange Brunn),* che apparve miracolosamente nel punto in cui la giovane vergine, protagonista della drammatica storia, fu uccisa.

Infine, si crede ancora che, nella foresta che sta nelle vicinanze, avvengano ogni sera intorno alla mezzanotte, le apparizioni dei fantasmi delle tre giovani vittime.

Molto interessante, per la esatta comprensione del messaggio cinematografico (una specie di interpretazione autentica) quello che lo stesso Ingmar Bergman dice a proposito del suo film*: "Un film che è stato uno dei miei lavori più oscuri:* La fontana della vergine. *Devo ammettere che contiene un paio di passaggi ad immediata accelerazione e di forte vitalità. L'idea di fare qualcosa al di fuori dalla vecchia folk-song* Herr Tore di Venge's Daughters *era un forte richiamo per me. Così volli fare un noir medievale tratto da una brutale ballata in forma di semplice canzone folk. Ma parlandone con l'autrice del soggetto, Ulla Isaksson, ho cominciato a psicologizzare. Il primo errore è stato la volontà di introdurre un concetto terapeutico: la promessa solenne di costruire una chiesa con la quale espiare il tremendo peccato derivante dall'assassinio dei pastori. Artisticamente si è trattato di un escamotage assai poco interessante. Poi, l'introduzione di un concetto totalmente analizzante di Dio. La miscela di rappresentazione reale e di violenza, che ha una certa potenza artistica, ma è anche un ottimo esempio di come le migliori intenzioni possano far ottenere risultati del tutto contrastanti con le proprie motivazioni, e di come si possa trasformare un lavoro proprio nel momento in cui esso si sta sviluppando".*

E, aggiunge il Maestro, forse esagerando un po' nella sua feroce autocritica: "*La fontana della vergine è un film turistico; una imitazione scadente di Kurosawa. A quel tempo la mia ammirazione per il cinema giapponese era al suo culmine. Ero quasi un samurai io stesso!*[134]

E, infine, una breve ma interessante testimonianza sul film di Max von Sidow, contenuta in "*Oggi Sidow*": "*Mi ricordo che c'era un accento fortemente intenzionale su un rapporto molto stretto tra il padre e la figlia, nel quale alla madre non era davvero permesso di entrare. Ella, tenuta fuori da quel rapporto, ne soffriva e nutriva anche una certa gelosia. La sequenza tra il racconto dello stupro e la macellazione dei rapinatori, serve quasi come un esempio da manuale di tecnica*

---

134 Ingmar Bergman, *Bergman su Bergman*.

88

cinematografica di Ingmar Bergman, nella sua costruzione; nel montare della tensione scena dopo scena; nella quasi totale assenza di dialogo tra tutti i protagonisti".

CONCLUSIONI

Il film fu accolto molto favorevolmente negli Stati Uniti, dove vinse un Oscar per il miglior film straniero.

Don Druker, del *Chicago Reader* scrisse: *"Uno dei pochi film che Ingmar Bergman ha diretto ma non ha scritto; questo lavoro del 1960 racconta, attraverso una leggenda svedese del 14° secolo, la grande grazia divina. I dettagli dell'epoca sono magnificamente lavorati nel corso della narrazione, e il ritmo e l'economia del racconto, rendono la metafisica dell'angosciato svedese infinitamente più facile da comprendere.[135]"*

L'altro critico del The New Republic, Stanley Kauffmann, nella sua recensione del 1960, scrisse: *"Bergman compone una grande tragedia religioso-morale. E' come guardare una serie di scene da un grande arazzo medievale molto ben composto, ognuna di esse rappresenta una stazione sulla strada della parabola finale, tutto quanto (fatta eccezione per i momenti viscerali di sesso e sangue) appare rarefatto e astratto. Il film ci lascia con la sensazione di aver assistito ad una grande lezione, espressa con enormi simbolismi minacciosi di un alto*

---

135 "One of the few films that Ingmar Bergman directed but did not write, this 1960 feature recounts a 14th-century Swedish legend on the abundance of God's grace. The period details are magnificently worked into the narrative, and the pace and economy of the tortured Swede's storytelling make his metaphysics infinitely easier to take." (Don Druker, *Chicago Reader*)

romanzo d'amore con del Dio.[136]"

L'altro critico del *Time Out* Nigel Floyd, ha scritto: *"Bergman ha vinto il suo primo Oscar per questa crudele ma tutt'altro che sensazionale allegoria medievale, un racconto di superstizione e fede religiosa: lo stupro e la vendetta ambientata nel XIV° secolo in Svezia, dove la popolazione è sospesa tra cristianesimo e paganesimo. Sulla sua strada per la chiesa, la quindicenne (Birgitta Pettersson), figlia vergine di genitori contadini (Max von Sydow e Birgitta Valberg) viene violentata da due pastori di capre. Successivamente, in un gioco del destino, i colpevoli chiedono cibo e riparo a casa dei genitori della ragazza morta. alla scoperta della verità quando i pastori offrono di vendere loro i vestiti macchiati di sangue della figlia morta, i genitori perfezionano una vendetta brutale. La semplicità formale e il simbolismo evidente (chiaro e scuro, fuoco e acqua) erano inferiori agli elementi potenzialmente sensazionalistici del materiale, Il vivido bianco e nero della fotografia di Sven Nykvist cospira con l'austerità delle immagini di Bergman per creare una carica metafisica straordinariamente efficace.[137]"*

---

136 *"The bulk of the picture is a religious-moral charade. It is like looking at a series of scenes of a large medieval tapestry, each well composed, each representing a station on the way to the point of the parable, all of it (except for the visceral moments of sex and blood) rarefied and abstract. We are left with the sense that a lesson has been spelled out–in huge, cloudy symbols of a high romance with God."* (Stanley Kauffmann, *The New Republic,* 1960)

137 *"Bergman won his first Oscar for this cruel but unsensational medieval allegory, a tale of superstition, religious faith, rape and revenge set in a 14th century Sweden where the populace is vacillating between Christianity and paganism. On her way to church, the 15-year-old virgin daughter of peasant parents is raped by two goatherds. Later, in a bizarre twist of fate, the culprits ask for food and shelter at the house of the dead girl's parents. Discovering the truth when the goatherds offer to sell them their dead daughter's bloodstained clothes, the parents exact a brutal revenge. The formal simplicity and overt symbolism (light and dark, fire and water) undercut the potentially sensationalist elements of the material, Sven Niqvist's luminous black-and-white photography conspiring with the*

Come si diceva in precedenza *La fontana della vergine*, tra tutti i film di Ingmar Bergman, è forse l'unico in cui, direttamente, si manifesta la presenza di Dio.

Ed è anche quello in cui più accurata è la depurazione dai molteplici simbolismi cari al regista.

Ed è anche quello in cui più che in altri appare evidente la commistione tra paganesimo e cristianesimo; tra sacro e profano; tra religione e laicità; tra aspetto del profondo rispetto divino ed atteggiamento, invece, profondamente laico. In Tore si incontrano insieme tutte queste caratteristiche. Sulle larghe spalle di Tore, il Maestro getta il suo pesante fardello: quando si prepara alla vendetta, tipico metodo medievale per ottenere giustizia privatamente; quando si sottopone ad un rituale pagano di abluzione che lo prepari al sacrificio dei rei; quando promette a Dio, rivolgendosi direttamente a lui, di edificare una chiesa sul posto esatto del sacrificio della figlia Karin.

Ma il film è percorso, anzi permeato, da una costante, continua, tensione religiosa, che si avverte, palesemente, in alcuni momenti, in alcune scene. Una fra tutte, ad esempio, quando un frate-contadino si rivolge al più piccolo dei tre fratelli pastori: *"Vedi come il fumo trema e si abbarbica sotto il tetto: come avesse paura dell'ignoto. Eppure, se si librasse nell'aria, troverebbe uno spazio infinito dove volteggiare. Ma forse non lo sa: e così se ne sta qui, nascosto, tremolante e inquieto. Con gli uomini capita lo stesso: essi vagano inquieti come tante foglie al vento, per quel che sanno e per quello che non sanno"*.

Il critico italiano Camillo Bassoto scrisse: *"Bergman fa sentire il tempo come meditazione... Il mondo medievale leggendario è trasportato con semplicità ed efficacia nella contemporaneità.*

---

austerity of Bergman's imagery to create an extraordinary metaphysical charge."
(Nigel Floyd, *Time Out*)

Le ore, i minuti che precedono l'alba sembrano scanditi sul battito del cuore, il tempo visivo che passa sul cuore dei servi e dei contadini mentre salgono alla radura per ritrovare Karin: il tempo segnato nella sequenza di Karin e i pastori, dapprima insignificante, diventa improvvisamente tragico, pesante.[138]"

Max von Sydow disse sul film: *"Mi ricordo che c'era un enfasi intenzionale su un rapporto molto stretto tra il padre e la figlia, nel quale per la madre non era davvero facile entrare, lei è stata tenuta fuori da quella relazione e soffriva di una certa gelosia. La sequenza tra lo stupro, e la macellazione dei rapinatori, serve quasi come un esempio da manuale di tecnica di Ingmar Bergman nella costruzione della tensione di scena dopo scena, senza quasi nessun dialogo per tutti.[139]"*

Infine, una curiosità: la fonte dalla quale sgorga acqua pura e purificatrice, tornerà nei successivi film di Bergman, ad esempio nelle scene finali de *Il silenzio[140]*.

"Per quanto un giorno inizi lieto, finisce malamente prima del tramonto".

---

138 In *Cineforum*, n.3-4, 1961.

139 *"I remember that there was an intentional emphasis on a very close relationship between the father and the daughter, and the mother was not really let in, she was kept out of that relationship and suffered from a certain jealousy even. The sequence between my being told about the rape, and my slaughter of the robbers, serves almost as a textbook example of Bergman's technique in building up the tension in scene after scene, without hardly any dialogue at all."*

140 *Tystnaden*, 1963.

NOTIZIE SUL FILM

Titolo originale	*Jungfrukällan*
Paese di produzione	Svezia
Anno	1960
Durata	89 min
Colore	B/N
Audio	sonoro (mono)
Rapporto	1,37:1
Genere	drammatico, epico
Regia	**Ingmar Bergman**
Soggetto	Leggenda popolare
Sceneggiatura	**Ulla Isaksson**
Casa di produzione	Svensk Filmindustri
Fotografia	**Sven Nykvist**
Montaggio	Oscar Rosander
Musiche	Erik Nordgren
Scenografia	P.A. Lundgren
Costumi	Marik Vos-Lundh (come Marik Vos)
Trucco	Börje Lundh

PERSONAGGI E INTERPRETI

Max von Sydow: Tore
Birgitta Valberg: Mareta
Gunnel Lindblom: Ingeri
Birgitta Petterson: Karin
Axel Duberg: il magro
Tor Isedal: l'uomo senza lingua
Alla Edwall: il mendicante
Ove Porath: il ragazzo
Axel Slangus: il guardiano del ponte
Gudrun Brost: Frida
Oscar Ljung: Simon
Tor Borong e Leif Forstenberg: garzoni.

PERSONA

(1966)

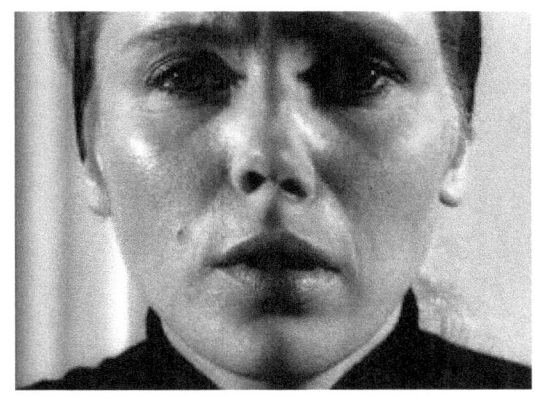

Titolo originale: *Persona*

Titolo in inglese: *Persona*

"*Credo che* Persona *sia profondamente legato alla mia attività di Direttore del Dramaten. L'esperienza era una fiamma ossidrica che determinava una specie di rapida maturazione. Essa concretizzava, in modo brutale e ovvio, il mio rapporto con la professione*".

(Ingmar Bergman, a proposito della genesi del film, dal suo libro-diario: *Immagini*).

PRESENTAZIONE

E' lo stesso Ingmar Bergman[141] a fornire un riassunto efficace della storia sulla quale il film si incentra: *"L'attrice Elisabeth Vogler (Liv Ullman) dopo una rappresentazione ha smesso di frequentare il mondo. E' ricoverata in ospedale. Non è malata[142], ma ha scelto il silenzio. Insieme alla sua infermiera, Alma (Bibi Andersson), abita in un isola. Le due donne, nel confrontarsi in diverse situazioni, si avvicinano sempre di più. Il gioco dello scambio delle situazioni diventa un gioco delle identità. Si avvicinano fino a compenetrarsi."[143]*

Il gioco di compenetrazione di un personaggio in un altro è in atto: Alma tenta di scivolare nel personaggio di Elisabeth.

Addirittura lo dichiara apertamente nel corso di una loro conversazione serale.

Prima se lo chiede in un drammatico monologo: *"Si può essere un'altra persona nello stesso momento? Cioè puoi essere due persone contemporaneamente?"*

Poi lo dichiara apertamente, anche se solo per gioco: *"Vorrei essere come te. Sai? Sai a che ho pensato quella sera dopo aver visto il tuo film. A casa mi sono guardata nello specchio e mi sono detta, le assomiglio io. No, non devi fraintendermi, tu sei molto più bella. Ma ci somigliamo. Credo che riuscirei anche a trasformarmi in te, sai voglio dire interiormente, se facessi uno sforzo. Ma saresti capace anche tu di trasformarti in me, vero? Però la tua anima è troppo grande e cercherebbe di evadere."*

---

141 Ingmar Bergman, *Immagini*.

142 La afasia o il mutismo, che nel suo caso sono elettivi, non vanno considerati malattia, avendo scelto lei coscientemente di non parlare.

143 A significare la compenetrazione, psico-fisica la famosa immagine delle due metà dei volti delle due protagoniste che si fondono in un unico volto.

Elisabeth, dunque sceglie di non parlare e di rimanere muta, sceglie di ascoltare i racconti e le confessioni di Alma, per quasi tutto il film.

Accenna, anzi, sussurra una frase compiuta solo quando Alma sta per addormentarsi sul tavolo dopo una lunga confessione: *"E' meglio che te ne vai a letto, altrimenti ti addormenti sul tavolo."*

E Alma la ripete integralmente e fedelmente come se l'avesse pensata lei, nel dormiveglia: *"Ma si, è meglio che me ne vada a letto, altrimenti mi addormento sul tavolo."*

LA GENESI

Persona nasce nei primi mesi del 1965.

Ingmar Bergman aveva 42 anni nel 1962, quando fu nominato direttore del *Dramatiska Teatern*, il luogo culto del teatro svedese, il luogo che aveva reso famoso il teatro di August Strindberg, e che sarà retto dal Maestro per quasi 50 anni.

A 45 anni Ingmar Bergman concepisce prima il soggetto, poi la sceneggiatura del suo film più sperimentale e innovativo, ritenendo che esso sia strettamente connesso alla sua attività di Direttore. Lo stesso Bergman sottolinea lo spunto autobiografico che lo porta, in questi pochi frammenti, a immedesimarsi nelle caratteristiche delle due donne; ad individuare nel loro essere alcune sue qualità e difetti.

"...Si trattava di due giovani donne sedute su una spiaggia, con grandi cappelli, intente a paragonarsi le mani. ... Le due donne continuano a confrontarsi le mani. Un giorno scoprii che una di loro era muta come me. L'altra era loquace, premurosa e sollecita come me.[144]"

---

144 Ingmar Bergman, *Lanterna magica.*

Il film è la storia, volutamente scarna ed essenziale, dei rapporti che due donne sono costrette a vivere quando una di loro subisce un attacco di afasia e l'altra le viene affiancata per fornirle assistenza paramedica.

La prima è un'attrice, famosa ed affermata, che nel corso della rappresentazione di un dramma, si tratta dell'*Elettra* di Sofocle, viene colpita in scena, proprio sul palcoscenico, da uno strano malore: le manca d'improvviso la parola.

Si chiama Elisabet Vogler ed è interpretata da Liv Ullman.

L'altra è una giovane infermiera venticinquenne che, nella prima scena ...*regolare* del film, è convocata nello studio della direttrice della clinica[145] che le affida il compito di seguire ed assistere l'attrice malata.

Nel corso del film per un momento si rivoluzionano i rapporti, i ruoli si capovolgono.

Alma legge una lettera che avrebbe dovuto solo postare per conto di Elisabeth.

La lettera è indirizzata alla direttrice della clinica, in essa l'attrice rivela alla dottoressa che le piace ...*studiarla* (le piace studiare Alma, n.d.A.).

Ma, in un gioco di identità portato alle estreme conseguenze, le due donne si avvicinano fisicamente, al punto da compenetrarsi, fino quasi a fondersi.

E fino al punto da trarre in inganno, addirittura, il marito dell'attrice, che tenta un approccio con l'infermiera Alma scambiandola per la moglie Elisabeth.

Grandissima prova di abilità tecnica da parte del regista e del suo direttore delle luci.

Scrive Bergman nel suo libro-diario *Immagini*: "*Io e Sven Nyquist decidemmo di lasciare la metà del volto nel buio*

---

145 Interpretata da Margaretha Krook.

completo... insomma, non avrebbe dovuto esserci neppure una sfumatura di luce. Questo era inoltre un passo naturale a combinare, proprio nella fase del monologo, i mezzi volti illuminati in modo che si fondessero in un volto unico. La maggior parte delle persone ha, chi più e chi meno un lato migliore del volto. Le immagini dei volti di Liv (Elisabeth Vogler, n.d.A.) e di Bibi (Alma, n.d.A.) illuminati per metà, che poi noi unimmo insieme, dimostrarono il lato peggiore di ciascuna di loro. Quando ebbi indietro la doppia copia del film dal laboratorio, pregai Liv e Bibi di venire nella stanza di montaggio. Bibi grida sorpresa: Ma Liv, come sembri strana! E Liv risponde: Ma sei tu, Bibi, che sembri veramente strana! Rifiutavano spontaneamente il loro mezzo volto meno bello.[146]"

IL PROLOGO DEL FILM[147]

In precedenza non abbiamo parlato a caso di una *...prima scena regolare* del film. Perché, in effetti, il film si inizia in modo, diciamo *...irregolare*. Principia, infatti, con un lungo prologo, della durata di 6 minuti. Che poi verrà riproposto fedelmente a metà del film e ancora una volta alla fine. Con esso il Maestro ci ammonisce che stiamo per assistere ad una messinscena, ad una illusione, ad una *finzione* cinematografica, appunto. Prima dei titoli di testa un flusso di immagini e suoni sconnessi investe lo spettatore: una pellicola; un arco voltaico; il ronzio della proiezione; una luce abbagliante; *code*; *start*; fotogrammi isolati; un pene in erezione (che pochi in Italia hanno mai visto, perché censurato nella versione che circolò nel nostro paese);

---

146 Ingmar Bergman, *Immagini.*
147 I sei minuti che cambiarono il cinema.

immagini capovolte. Mano a mano che la proiezione prosegue, le immagini acquistano significato. Sembrano, e potrebbero essere, tutte immagini prese da spezzoni di altri film già girati dallo stesso Bergman o da altri registi: fotogrammi di una comica di Melies; un orribile ragno; un agnello sacrificale che viene sgozzato; una mano inchiodata alla croce; rumori di passi e di gocce d'acqua; un obitorio con una serie di cadaveri stesi sul marmo; squilli di telefono che provocano l'improvviso, improbabile risveglio del cadavere di una donna; un bambino che si sveglia, si agita, tende una mano davanti a se, accarezza il volto di una donna, si alternano i volti delle due attrici del film: Liv Ullman e di Bibi Anderson. Finalmente partono i titoli di testa. E altri rapidi *flash* si alternano: il bambino; la madre; un bonzo che si da fuoco; un paesaggio marino.

SIGNIFICATO DELLA SIMBOLOGIA DEL PROLOGO

Ma che significato hanno, se lo hanno (ma è ovvio che non possono esserne privi) i molteplici simboli che Bergman inquadra nelle immagini del Prologo del film *Persona?*
Quali interpretazioni e quali indicazioni alla comprensione del film, può ricavarne lo spettatore? E, soprattutto. In assenza di una interpretazione autentica dell'autore, qual'è l'interpretazione fornita dalla psichiatria e della psico-analisi moderne? Abbiamo girato le nostre domande legittime agli amici prof. Gaetano Deuscit e Dott.sa Giusi Polizzi. Loro, assai gentilmente, ci hanno fornito la loro spiegazione, manuale di psichiatria ...alla mano.

CONTRIBUTO DEL PROF. GAETANO DEUSCIT

L'immagine del ragno è il collegamento agli strati più profondi dell'inconscio.

Esso rappresenta un mondo psichico che ci è estraneo e sconosciuto al massimo.

Il ragno è inoltre, un'immagine mandalica: la completezza dell'essere nella compiutezza dell'Universo; il collegamento col Mondo, con la divinità e con lo spirito.

Da notare, poi, che già nel precedente film *Come in uno specchio,* è presente l'immagine di un *ragno-Dio* visto dalla protagonista Karin[148].

Nel magma eruttivo e simbolico dell'inconscio, l'agnello sacrificale assume la ricomposizione degli opposti: conscio e inconscio; morte e vita; amico e nemico, che si risolvono in una nuova e luminosa unità: in un uomo nuovo.

Il desiderio di una generica consapevolezza del fine ultimo dell'uomo e la profonda convinzione dell'incapacità a raggiungere tale conoscenza.

Per vincere questa conflittualità quale migliore simbolo se non quello dell'agnello sacrificale?

Ricorso archetipico ad un capro espiatorio: un nuovo agnello sacrificale (la morte della bestia sacrificata in cambio della conoscenza).

L'immagine dell'agnello sacrificale è presente nel precedente film *Luci d'inverno*[149].

La mano possiede potere di relazione, di contatto fisico con le persone.

---

148 Nel film Come in uno specchio (Sasom i en spegel, 1961) la protagonista Karin afflitta da un male psichico, dice di vedere Dio che ha le sembianze di un grande ragno nero che vuole possederla.
149 *Winter ligth*, 1962.

La mano inchiodata rappresenta una sofferenza dell'Io.

Ritorna il tema simbolico della sofferenza e della coartazione dell'Io per avere l'opportunità dell'elevazione alla spiritualità, alla conoscenza.

E' un sogno tipico di un soggetto con una depressione psichica di grado elevato, bloccato nella psiche e con un Io coartato e conflittuale.

C'è un bisogno inconscio di sofferenza associato ad espiazione ma, nel contempo una grande esigenza di spiritualità, di ricerca di divinità...

Il paesaggio invernale indica: distacco; freddezza dei sensi; lontananza dalle miserie umane; glacialità.

Il paesaggio invernale di cui si parla è molto simile a quello inquadrato nei pressi della chiesa del pastore Tore, nel precedente film *Luci d'inverno*[150].

La cancellata e il muro rappresentano, nel simbolismo dei sogni, molto di più di una semplice recinzione o barriera che divide due spazi.

Esprimono il valore simbolico di una soglia da superare.

Una fase di passaggio-accesso segreto ad un mondo proibito.

Un passaggio aperto e transitabile tra due mondi antitetici.

Tuttavia, anche un percorso difficile per l'equilibrio e per la crescita interiore.

L'obitorio è, indiscutibilmente, un'immagine di morte, ma anche di rinascita.

Tema caro a Bergman che lo tratta ne *Il posto delle fragole*[151].

Isak Borg muore ma rinasce a nuova vita.

Lo stesso Isak Borg, paradossalmente, è morto da vivo; è più vivo da morto. La visione, nel sogno, di un obitorio evoca ansie

---

150 *Winter ligth*, 1962. (Già citato)

151 *Smulltronstallet*, 1957, già oggetto di una precedente monografia dello stesso autore: *Il posto delle fragole – Un capolavoro di Ingmar Bergman*, di Salvatore M.Ruggiero.

e angosce profonde ed irrazionali.

Sognare cadaveri, deposti su un letto di marmo significa il riaffiorare alla luce di un segreto, di qualcosa per cui il sognatore si sente in colpa.

L'inconscio libera i suoi segreti più reconditi attraverso sogni di inaudita crudezza.

Volti e corpi sono immagini del passato, dell'infanzia che l'inconscio ripropone confusi e a pezzi.

Grande nostalgia[152] e desiderio di recuperare le parti infantili che hanno caratterizzato le radici familiari e personali.

CONTRIBUTO DELLA DOTTORESSA GIUSI POLIZZI

Lo stupore in cui ci gettano i film di Ingmar Bergman è ormai assai noto. Così come l'impossibilità di dare senso a tutti gli aspetti e alle immagini che suscitano simboli.

La difficoltà verso cui il Maestro ci spinge, è quella infatti d'interpretare il suo pensiero e trarne significati: questa interpretazione, alla fine, viene sempre e comunque lasciata allo spettatore.

E' compito del film *Persona*, così come degli altri film di Bergman, di entrare nell'universo simbolico di ognuno attraverso processi di identificazione.

Ed è proprio la *"identificazione transferale"* (accadimento frequente nelle relazioni) il tema del film.

Le immagini del prologo rimandano attraverso il loro

---

152 La *nostalgia* (parola composta dal greco νόστος (ritorno) e άλγος (dolore): *dolore del ritorno*) è uno stato psicologico di tristezza e di rimpianto per la lontananza da persone o luoghi cari o per un evento collocato nel passato che si vorrebbe rivivere, spesso ricordato in modo idealizzato.

ermetismo imperturbabile, alla ricerca della identità. Dalla cinepresa, che ha come compito la penetrazione nell'anima dei suoi soggetti, al riavvicinamento quasi cruento nelle sue pieghe e ferite.

La lana e l'occhio dell'agnello sacrificale, i chiodi inflitti nelle mani, il freddo paesaggio invernale, il lenzuolo troppo corto per poter coprire, indicano, seppur nella loro apparente incoerenza, le varie parti - spesso ma solo a uno sguardo superficiale - in contraddizione, di cui è composta la psiche.

Ma su tutto impera il senso di solitudine e di finitudine dell'esistenza: donne e uomini immobili su letti che rimandano all'obitorio. Finitudine e solitudine sembrano essere il tema che si accompagna alla formazione e ricerca dell'identità, ove la scena finale del *Prologo* diviene il *trait d'union* con tutto il resto, tanto da essere ripreso poi alla fine.

Un bambino (attenzione, il volto è molto somigliante a quello di Liv Ullman al punto da indurre a pensare che si tratti della stessa persona solo con età diverse), non riesce a dormire perché ha il lenzuolo troppo corto. E se la coperta è troppo corta non rimane che leggere, come se la conoscenza potesse: sia compensare una mancanza che, al contempo, dare un senso al vuoto dell'identità che viene ricercata attraverso l'accarezzamento del volto femminile.

La necessità sopravvivenziale dell'identificazione nell'altro (in questo caso il rimando alla identificazione materna è d'uopo) viene dipanata in tutta la pellicola, fino alle estreme e dannose conseguenze. La vampirizzazione che l'infermiera compie sull'attrice fino a diventare l'altra, necessita alla fine di una separazione. Se necessaria è l'identificazione con le figure genitoriali nella prima fase della crescita, successivamente necessaria, non più per sopravvivere, bensì per vivere, diviene la separazione.

PERSONA: IL FILM CHE CAMBIO'
IL MODO DI FARE CINEMA

Sin dalla sua uscita il film fu recepito come altamente sperimentale nelle tecniche cinematografiche che Bergman utilizzò per trasmettere il senso di incomunicabilità tipico della sua poetica. Sperimentale soprattutto nello studio della luce e della fotografia, diretta magistralmente da Sven Nyquist e sperimentale anche per la tecnica di montaggio, nuovo e, per certi versi, rivoluzionario, a cura di Ulla Righe. Effettivamente è riscontrabile nell'analisi della cinematografia di Bergman quanto *Persona* rappresenti un'altra nuova soluzione al problema della rappresentazione dei drammi interiori umani e sociali, nel caso specifico una soluzione asettica, fredda, talvolta allucinata e comunque inedita all'interno del panorama artistico del cineasta svedese.

LA RECENSIONE DI ALBERTO MORAVIA

L'opera di Bergman fu recensita anche da Alberto Moravia.
Lo scrittore romano ne esaltò la profondità interpretativa su vari livelli, individuando e codificando quattro diverse chiavi di lettura:
1) PSICOLOGICO-REALISTICA: riguarderebbe la storia di un amore omosessuale non corrisposto tra una personalità debole (che ama, l'infermiera Alma) e una personalità forte (che, invece, non ama, l'attrice Elisabeth Vogler);
2) IDEOLOGICO-SIMBOLICA: ideata secondo un'ottica specificatamente moraviana, si presta alla rappresentazione di una Civiltà occidentale alienata e in crisi di valori e d'identità che, a seconda dell'individuo preso in considerazione, recita

una parte insensata oppure, addirittura, recita ....tacendo;

3)   FILOSOFICA: Moravia si ispira a Kierkegaard[153] per quanto riguarda il discorso sul senso di responsabilità etica, sul senso di colpa, sull'angoscia e sulla disperazione ontologiche;

4) SOCIOLOGICA: Bergman, regista di estrazione borghese, analizza impietosamente le conseguenze sociali delle caste e delle classi, che si intersecano, attraverso i vari personaggi, senza peraltro ricercarne le cause incidentali.

Moravia non mancò comunque di criticare il film per alcuni aspetti particolari. Secondo lo scrittore romano, che accusò Bergman di eccessivo manierismo, l'accentuata freddezza documentaristica del film deriva dal fatto che tutte le chiavi di lettura coesistano tra loro in maniera chiara e distinta: in tal modo la poesia dai molteplici risvolti che Bergman cerca di trasmettere perde di istintività ed ambiguità, per divenire pura applicazione di maniera. Proprio da questa osservazione nasce la sua personale idea che il film dia i suoi maggiori risultati nelle rare sequenze non parlate, nelle quali Bergman sembra restituire un significato misterioso e profondo al dramma interiore dei personaggi.

LA PIU' FORTE DI STRINDBERG; PERSONA DI BERGMAN: ANALOGIE TRA DUE DRAMMI BORGHESI

Chi ama profondamente e, altrettanto profondamente, conosce il cinema di Ingmar Bergman ed, in modo particolare il suo film: *Persona*, non potrà non scorgere le forti somiglianze con un dramma di Strindberg, datato 1889: *La più forte*. Si può, addirittura, dire, e molti critici lo hanno fatto *apertis verbis*,

---

153 Per l'approndimento di tali tematiche si consiglia la lettura dei testi:
AUT-AUT e La Malattia Mortale.

che Il Bergman di *Persona* incontra lo Strindberg de *La più forte*, al punto da rilevare facilmente come il film di Bergman (successivo) abbia molti punti in comune con il dramma borghese di August Strindberg (precedente). E si può anche aggiungere che il problema della *incomunicabilità* e del *silenzio* di Strindberg incrocino la loro strada con le corrispettive problematiche elaborate nel cinema di Bergman. Quando Ingmar Bergman spiegò il soggetto di *Persona*, lo riassunse in questi termini: *"E' un film su una persona che parla e su una che non parla, e si confrontano le mani e si mescolano l'una con l'altra.*[154]" Kenne Fant, che era allora Presidente dello *Svenska Filminstitutet*, con una notevole dose di comicità involontaria, replicò: "...*Non dovrebbe essere un film molto costoso!*". Il film, in buona sostanza, è la ricerca delle caratteristiche che legano una coppia di donne (protagoniste anche della *piece* strindberghiana), di cui una è silenziosa e la seconda è alla continua ricerca della verità nell'altra. *Persona* è una pellicola, molto sottile e complessa, oltre che su quelli già accennati, anche sul tema dell'identità di genere e sui ruoli che sono assegnati alla donna dalla società.

Non è una coincidenza che una delle due donne sia un'attrice, colta in un eterno attimo di smarrimento proprio mentre interpreta il ruolo di *Elettra*. E anche *La più forte* è basata sullo stesso principio: una donna parla e una ascolta, o meglio, risponde con espressioni non verbali. La domanda retorica su quale delle due donne di *Persona* sia la .....*più forte* è in realtà destinata a restare senza risposta. Ma si sa bene che Ingmar Bergman si interroga, si pone delle domande, ma non a tutte le domande dà delle risposte; non a tutte risponde. Non per tutti i quesiti ha o, meglio, da una risposta. In estrema sintesi non è un apologeta. E come tale, non a tutti i problemi offre una

---

154 Ingmar Bergman, *Lanterna magica.*

soluzione. C'è però qualcosa di più profondo, un sotto-testo impalpabile e inafferrabile, una sorta di enciclopedia di poche parole sul significato di genere dell'essere donna. Quella che la donna silenziosa e la donna preda di una specie di impeto moralizzatore sembrano suggerire sono gli estremi di un pendolo. Da una parte la rinuncia di sé in favore di un ruolo che può dare una facile felicità domestica; dall'altra il vuoto della ribellione alla maschera, che può dare la libertà del volo ma anche il precipizio di una caduta rovinosa. Due estremi che però sono intercambiabili, che sembrano opposti solo perché speculari.

Il critico Tullio Kezich, ha sottolineato, a suo tempo, che: "*Persona, è svolto come un teorema che a un certo punto si trasforma nell'operazione senza anestesia che il chirurgo svolge in presenza del pubblico*".

Sempre secondo Kezich: "*Bergman riduce all'osso le scenografie e gli artifici per indirizzare lo spettatore verso i personaggi, come un diabolico dominatore*". Proprio in questo aspetto trova adempimento l'intenzione sperimentalistica della pellicola, oscillando tra la nevrosi attiva e passiva dell'afasia e le soluzioni registiche *brutalmente* subliminali e psicoanalitiche.

Il film è grande cinema, capolavoro cinematografico, ma pur sempre cinema. E' lo stesso Bergman a suggerirci di vederlo come tale, come finzione, non come realtà, non come riproduzione della vita, proprio all'inizio del film, e ce lo ricorda a metà della visione e, ancora, alla fine della proiezione, quando la pellicola sembra prendere fuoco e autodistruggersi. Lo fa proponendo una serie di immagini che rappresentano proprio il cinematografo: i carboni dell'arco voltaico di un proiettore; la pellicola che scorre; una sequenza del cinema muto; le mani di un bambino; il sacrificio di un agnello; la mano di Cristo inchiodata alla croce; la neve sporca; un bambino che cerca di aggrapparsi invano a un'immagine di donna irraggiungibile. E ci avverte anche di leggere il film in diversi modi, fornendoci, per l'uso, diverse chiavi di lettura (tecnica-estetica; religiosa-spiritualistica; psicologica-psicanalitica) delle quali, però, l'una non esclude l'altra. Ma, tutte insieme, fondendosi l'una nell'altra, in maniera propedeutica, in una sola complessa ed articolata lettura critica, si completano e si perfezionano.

Liliana Cavani disse, all'epoca della prima uscita del film: "*Ho visto poche opere cinematografiche così nette. Il film è il risultato di un paziente lavoro di approfondimento e di rifinitura. E' uno di quei film che indicano ai registi vie nuove per tentare nuove possibilità di espressione*".

Il prologo, poi, allinea diversi espliciti riferimenti ad opere precedenti di Ingmar Bergman. Ne ricordiamo almeno due, i più marchiani: *Prigione*[155], con la comica alla Melies; *Il silenzio*[156]: con lo stesso bambino, che è uno dei tre protagonisti del film.

Oltre alla scenografia anche il *cast* del film è ridotto all'osso: gli attori sono solo cinque. La giovane infermiera venticinquenne Alma, è interpretata da Bibi Anderson; Elisabeth Vogler. L'attrice colpita dalla misteriosa afasia, è interpretata da Liv Ullman. La dottoressa che, nelle scene iniziali del film, convoca Alma nel suo studio è interpretata da Margaretha Krook. Il signor Vogler, marito di Elisabeth, è interpretato da Gunnar Biornstrand. Il ragazzo del prologo è interpretato da Jorgen Lindstrom[157].

---

155 *Fangelse*,1948.
156 *Tystnaden*, 1962.
157 Come detto in precedenza, lo stesso bambino che Bergman utilizza ne *Il silenzio*, nel ruolo del figlio di Anna.

CONCLUSIONI

Persona fu girato a Faro, l'isola di Ingmar Bergman. E lo stesso Bergman affermò che quel suo film è quello che meglio rappresenta l'essenza del suo legame e della sua affezione per Faro.

"Resta emblematica, del certosino lavoro di preparazione di ogni singola immagine, una meravigliosa fotografia, peraltro molto famosa, scattata durante la lavorazione del film e pubblicata nel libro-diario Immagini, *che ritrae Sven Nyqvist e Ingmar Bergman in piedi, l'uno di fronte all'altro, in bilico sulla scogliera, col mare grigio sullo sfondo, compresi in una delle loro leggendarie discussioni.[158]"*

Come pure è rimasta nelle antologie del cinema la favolosa, prodigiosa, interminabile, carrellata laterale, lunga qualche centinaio di metri, sulla spiaggia rocciosa di Faro, nella quale le due protagoniste si rincorrono dopo un litigio.

Il titolo del film deriva dal latino *Dramatis persona*, terminologia usata comunemente per definire la maschera indossata dall'attore (e quindi dal personaggio) nel teatro romano antico. Esopo: *Personam tragicam, forte vulpes viderat* (Una volpe aveva visto, per caso, una maschera tragica).

Si tratta di un chiaro riferimento alla professione della protagonista del film, l'attrice Elisabeth Vogler interpretata da Liv Ullman.

Ma la parola persona, anzi la sua radice etimologica, si divide anche nelle due parole componenti più corte: *per* (eccesso) e *sona* (suoni), che significano anche la funzione della maschera

---

158 Salvatore M.Ruggiero, *Faro magica*.

teatrale, che era quella di aumentare la potenza del suono della voce dell'attore.

Tutto il contrario di quanto accade all'attrice afasica, mutacica che si chiama Elisabeth Vogler.

Vogler come il cognome del protagonista de *Il Volto*[159], Albert Emanuel Vogler, l'illusionista, stranamente anch'egli chiuso in un enigmatico mutismo per buona parte di quel film.

L'infermiera, invece, si chiama Alma[160], (anima) come l'Alma de *L'ora del Lupo*, moglie del pittore Joan, interpretata da Liv Ullman.

Il libro che il ragazzo legge nel prologo è il famoso romanzo di *Lermontov*[161]: *Un eroe dei nostri tempi.*

"Persona mi ha salvato la vita. Non è un'esagerazione. Per la prima volta non mi preoccupai se il risultato avrebbe avuto un significato generale o no. Oggi sento che con Persona *– e più tardi con* Sussurri e grida *– sono giunto al massimo a cui posso arrivare, e che in tutta libertà tocco segreti senza parole, che solo la cinematografia può mettere in risalto."*[162]

Anche Olivier Assayas, critico e cineasta francese, nel suo libro *Conversazione con Ingmar Bergman*, scritto a quattro mani con l'altro regista e critico cinematografico svedese Stig Bjorkman, afferma il medesimo concetto: *"Bergman con* Persona *è giunto al cuore del suo soggetto (...) Di aver definito un territorio del cinema completamente nuovo, interamente suo, che nulla deve al passato, nulla alle figure abusate della cinefilia: i sui volti, i*

---

159 *Ansiktet*, 1958.
160 Che può significare *anima* oppure *colei che nutre*.
161 Michail Jurevic Lermontov, (Mosca, 15 ottobre 1814 – Pjatigorsk, 27 luglio 1841. Poeta, drammaturgo, pittore russo. Figura di spicco del Romanticismo è considerato uno tra i maggiori scrittori del secolo XIX°.

162 Ingmar Bergman, a proposito del suo film *Persona*, nel suo libro-diario, *Immagini*).

suoi luoghi, le sue regole, più nulla per trattenerlo, per frenarlo, nell'esperienza estetica interamente autonoma, interamente singolare in cui si impegna - mollati tutti gli ormeggi - una delle più audaci e delle più ricche che il cinema abbia prodotto."

Claudio Papini, altro eminente studioso del cinema di Ingmar Bergman, avanza una sua personale, peraltro condivisibile, teoria sul fondamento teoretico che è alla base del film *Persona*: *"L'attrice Elisabeth, essendo la sua professione il recitare, scopre che nel suo quotidiano artistico si svela l'essenza dell'intera vita umana. Il teatro e il cinema che sono sempre stati considerati un qualcosa di separato dalla vita e quindi, seppure apprezzati, un qualcosa di fondamentalmente illusorio (pur nella loro gradevole consistenza di specchi della vita) sono in realtà il senso della vita stessa che dunque è fondamentalmente illusione.[163] "*

---

163 Claudio Papini, *Ben ritrovato, Ernst Ingmar.*

NOTIZIE SUL FILM

Titolo originale	*Persona*
Lingua originale	Svedese
Paese di produzione	Svezia
Anno	1966
Durata	85 min
Colore	b/n
Audio	sonoro (AGA Sound System)
Genere	drammatico
Regia	Ingmar Bergman
Soggetto	Ingmar Bergman
Sceneggiatura	Ingmar Bergman
Produttore	Lars-Owe Carlberg
Casa di produzione	Svensk Filmindustri
Fotografia	Sven Nykvist
Montaggio	Ulla Ryghe
Musiche	Lars Johan Werle
Scenografia	Bibi Lindström
Costumi	Max Goldstein
Trucco	Börje Lundh, Tina Johansson

PERONAGGI E INTERPRETI

Bibi Andersson: Alma

Liv Ullmann: Elisabeth Vogler

Margaretha Krook: la dottoressa

Gunnar Björnstrand: il signor Vogler

Jörgen Lindström: il ragazzo, figlio di Elisabeth

Sussurri

e grida

(1971-'72)

Titolo originale: *Viskningar och rop*

Titolo in inglese: *Cries & wishpers*

"....*In un lungo attacco di malinconia scrissi un film dal titolo* Sussurri e grida. *Per la seconda volta durante la mia vita, i giornalisti avevano cominciato a sostenere che la mia carriera era conclusa. Stranamente tutta questa indifferenza, taciuta o espressa, non aveva su di me alcun effetto. Girammo il film in un'atmosfera di fiducia e di allegria.*"

(I.Bergman, *Lanterna magica)*

PROLOGO

"La prima immagine ritornava sempre: la stanza rossa con le donne vestite di bianco. (...) Quattro donne vestite di bianco in una stanza rossa.[164]*"* Se qualcuno volesse avvicinarsi alla visione di uno dei massimi capolavori di Ingmar Bergman, ma anche di uno dei massimi capolavori della cinematografia mondiale, e cercasse una frase-guida, un indizio, un viatico, una indicazione di sorta per una perfetta ed esaustiva lettura e comprensione del film, dovrebbe sicuramente tenere presente, anzi avere nella massima attenzione, ciò che lo stesso regista disse a proposito di *Sussurri e grida*: *..."Tutti i miei film possono essere pensati in bianco e nero, eccetto* Sussurri e grida. *C'è scritto anche nella sceneggiatura, io ho sempre immaginato il rosso come l'interno dell'anima. Quando ero bambino, vedevo l'anima come un drago color azzurro-fumo che svolazzava come un'ombra, munito di potenti ali, una creatura per metà uccello e per metà pesce. Ma nell'interno del drago tutto era rosso.*[165]*"* E' vero, come è vero, che, pur essendo *Sussurri* e *grida*, un film *difficile* (leggi: complesso) per le molteplici e profonde implicazioni culturali e psicoanalitiche, e anche duro, per le forti, a volte quasi insopportabili, sollecitazioni psicologiche e visive, lo spettatore per riuscire a penetrarne la più intima essenza non deve dare che ascolto ai semplici suggerimenti che, durante la visione, gli deriveranno solo dai sussulti della sua anima. Come meravigliosamente scrisse il critico Giovanni Grazzini, nel suo libro *Gli anni settanta in cento film*: *"Per sentire* Sussurri e grida *basta fornirsi di occhi limpidi e trepido cuore"*. Buona visione!

---

164 Ingmar Bergman, *Immagini.*
165 Ibidem.

SINOSSI

"Scrissi Sussurri e grida *dalla fine di marzo all'inizio di giugno, durante un periodo di solitudine pressoché ermetica a Faro[166]. Proprio allora ebbe luogo il dramma con Ingrid von Rosen[167], che poneva fine al suo matrimonio durato 18 anni. A settembre cominciammo le riprese. A novembre, quando erano finite, Ingrid e io ci sposammo."*

Agnes[168] sta morendo di un male incurabile, in una villa fuori Stoccolma, e per l'occasione è accudita dalle sue due sorelle, Karin e Maria, e dalla fantesca Anna[169].

Agnes, non è ancora l'alba, si alza dal letto va alla scrivania dove tiene il suo diario e annota: *"E' lunedì mattina presto e sto soffrendo."*

La sofferenza prima e l'agonia dopo di Agnese ha provveduto anche a mettere a nudo i problemi che esistono all'interno della famiglia, con le sorelle e tra le sorelle e i rispettivi mariti.

Karin e Maria, pur reagendo in maniera diversa davanti alla sorte della sfortunata sorella, se ne distaccano entrambe con eccessiva facilità, tanto che il lavoro sporco è tutto svolto dalla fantesca di casa: Anna. Il rapporto delle due sorelle sane con i loro mariti è molto turbolento: Karin è una donna fredda e non

---

166 Dello stesso autore: Salvatore M. Ruggiero, vedi il saggio *Faro Magica.*

167 All'anagrafe Ingrid Karlebo, sposata von Rosen: la quinta moglie di Ingmar Bergman.

168 Interpretata da Harriet Andersson: il nome del prsonaggio è un dichiarato omaggio al maestro Strindberg.

169 Interpretate, rispettivamente, da: Ingrid Thulin, Liv Ullman e Kari Sylwan.

ha il minimo contatto con Fredrik[170] suo marito, che è diplomatico, mentre Maria ignora del tutto suo marito Joakim, consigliere e non disdegna di tradirlo con David[171] il dottore.

Fra questi glaciali rapporti personali, l'unica persona di cuore della storia si rivelerà proprio Anna, la fantesca che da anni si occupa di Agnes. Addirittura arriva ad allattarla come una bambina, quasi in memoria della propria figlia morta quando era ancora una bambina. Dopo il funerale la proprietà viene frettolosamente venduta e Anna viene liquidata molto bruscamente, mentre le due sorelle Karin e Maria si lasciano con molta freddezza.

Il finale del film è rimasto leggendario: le tre sorelle Maria, Agnes e Karin, vestite completamente di bianco, compreso l'ombrellino parasole aperto sulla testa, avanzano sul prato del loro parco, seguite a breve distanza dalla fantesca Anna, anch'essa vestita con un lungo abito bianco e grigio, ma senza ombrello. Immagine molto bella e suggestiva nella quale ritroviamo materializzati gli appunti che Bergman annota sul suo diario all'epoca della scrittura della sceneggiatura originale.

"Una scena che vedo è l'uscita delle sorelle nel parco, con molta cautela, insieme alla sorella malata, per osservare l'autunno, per cercare la vecchia altalena su cui si sedevano da bambine.[172]"

Ci avviamo lentamente alla fine del film. Nel diario di Agnes si legge: *"Sento di dover essere grata alla vita che mi dà tanto"* e poi una didascalia dove viene riportata una frase del profeta Geremia: *"Quando le grida e i sospiri saranno passati."*

---

170 Interpretati, rispettivamente da Georg Arlin e Henning Moritzen.
171 Interpretato da Erland Josephson.
172 Ingmar Bergman, *Immagini*.

"Il titolo del film in realtà è preso da un critico musicale che nel recensire un quartetto di Mozart ha scritto che era come sussurri e grida.[173]"

Opera molto dura del maestro svedese, che racchiude tutto il suo lirismo proprio nelle sequenze più gelide.

La fotografia di Sven Nyqvist è essenziale, basandosi su colori molto decisi che rispecchiano anche lo stato emotivo dei personaggi: rosso per il dolore, bianco per l'innocenza, nero per il lutto. Inoltre Bergman ricorre all'uso di diversi *flash-back* e di una voce narrante, espedienti in realtà poco usati nella sua cinematografia.

La prima frase di Agnes, è quello che riusciamo a leggere dal suo diario: *"È lunedì mattina presto... e sto soffrendo."* Essa introduce l'atmosfera sofferente di tutta l'opera, dominata da un lato dalla freddezza di Karin e dall'altro dalla superficialità di Maria.

All'interno di questo capolavoro, Ingmar Bergman affronta un tema ricorrente nella sua filmografia: il tema della morte, ponendo sullo sfondo una famiglia benestante e un paesaggio ameno ed esplicitando il conflitto fra Karin e Maria da una parte, entrambe imprigionate dalle reti di un sistema borghese dove ogni valore perde senso, come la femminilità e il matrimonio; dove i sentimenti si vendono alle convenzioni; dove una cieca e inconfessabile fragilità etica impedisce qualsiasi confronto con il diverso e con il trascendente.

Anna e la povera Agnese in un devoto silenzio, interrotto raramente da frasi brevi e concitate, racchiudono la loro religiosità, la loro purezza interiore e il loro infinito e sincero

---

173 Ingmar Bergman, *Immagini.*

affetto, che le unisce in una scena commovente, dove Anna accoglie nel suo materno seno le spoglie esanimi di Agnese, riproducendo una moderna Pietà di Michelangelo.

"Un film di estrema violenza." lo definisce Piera Detassis.

In effetti tra un rosso e l'altro, Ingmar Bergman riesce a inserire, come di consueto, un'inestimabile morale di vita: accetta il dolore e sorridi alla felicità. E costruisce una memorabile riflessione sul dolore fisico, sulla pietà umana, sull'ambigua ma solida capacità di sofferenza tipica delle donne.

Il film fu ambientato in un posto splendido: il castello di Taxinge, appena fuori Mariefred, a Faro. Ma si svolge prevalentemente negli interni della villa, dove ogni piccolo particolare è curato e preciso, ma in cui non c'è amore, non c'è calore umano se non quello della fantesca Anna. L'arredamento è freddo e quasi impersonale, mentre le rarissime escursioni all'esterno innevato ricordano i quadri di Brueghel[174].

La fotografia, di altissimo livello, è ancora una volta di Sven Nykvist, abituale collaboratore del regista.

Interpreti sono quattro donne straordinarie e positive:
"Agnes: la moribonda;
Maria: la più bella;
Karin: la più forte;
Anna: la servizievole.[175]*"*
Altrettanto straordinarie le attrici.
Di esse Ingmar Bergman dice nel suo libro-diario *Immagini*:
"Quando quattro attrici dalle possibilità illimitate si trovano insieme, possono scaturire rischiose collisioni di sentimenti.

---

174 Pittore fiammingo vissuto a cavallo tra il XVI° e il XVII° secolo.
175 Ingmar Bergman, *Immagini*.

Ma le ragazze erano gentili, leali e pronte a collaborare. Inoltre, e soprattutto, colme di talento. In verità non avevo nessun motivo di lamentarmi. E non mi lamentai."

Alle quattro donne fantastiche[176] si contrappongono quattro uomini, modesti, con ruoli secondari, e con caratteristiche negative, interpertati da quattro bravi attori (in ruoli detestabili), tra i quali Erland Josephson che diventerà amico fraterno di Bergman e uno dei suoi collaboratori più stretti.

Ingmar Bergman, al massimo delle sue capacità espressive, ispirandosi al teatro intimista[177] di August Strindberg, realizza una delle sue opere più potenti e drammatiche, perfetto esempio di *kammer-spiel,* innalzandosi sulla più alta e *"mostruosa sapienza di stile.*[178]*"*

Il film, come lo stesso Maestro dice: (fu) ..."*ispirato in un lungo attacco di malinconia".*

Come al solito, per tutti o quasi tutti i film di Ingmar Bergman, anche al centro di questo film c'è la figura di Dio.

Nel senso che Dio aleggia su tutto il film, per tutto il film, fino ad una delle ultime scene. In una specie di panteismo (Dio è in tutto: tutto è Dio) verbale e reale. Fino a quando il pastore che recita l'orazione funebre in onore di Agnes, prega, rivolgendosi alla morta, ma per giungere a Dio: *"Implora il Signore che ci liberi dalle nostre angosce e debolezze, dai nostri dubbi più profondi. Pregalo di dare un senso alla nostra vita".*

Ma Dio sta negli esseri umani, nei loro corpi e nella loro carne. Oltre che nella loro sofferenza.

Come negli stessi posti è possibile rinvenire la morte.

---

176 Secondo Jean Luc Godard: *"Solo Bergman è capace di filmare gli uomini come li amano ma li detestano le donne e le donne le detestano ma le amano gli uomini."*

177 Movimento di teatro e di cinema tedesco degli anni venti: letteralmente *recitazione da camera.*

178 Giovanni Grazzini, *Gli anni settanta in cento film.*

Ma, nonostante la presenza incombente di Dio, i veri protagonisti del film, stavolta, sono gli esseri umani. Divisi, anche numericamente (quattro e quattro), nei due diversi sessi: femminile e maschile.

Ma mentre le donne appaiono forti, determinate, valorose, rocciose, in netta contrapposizione con le loro qualità si pongono i difetti dei maschi, quasi tutti codardi, cinici, reticenti, profittatori, materialisti.

Proprio questo singolare aspetto, questa distinzione manichea tra buone e cattivi, ha fatto gridare ad una palese, ingiustificata misantropia del Maestro. Come pure qualche critico si scandalizzò della plateale presa di posizione di Ingmar Bergman in favore delle classi meno agiate, personificate nel film dalla cameriera Anna, il personaggio sicuramente migliore, dal punto di vista umano. Sebbene tale circostanza non dovrebbe meravigliare più di tanto, visto che lo stesso Bergman, le rare volte che, essendo stato costretto a parlarne, politicamente si è sempre definito socialdemocratico. Il personaggio di Anna, poi, è davvero un limpido, adamantino esempio vivente di fede in Dio. La stessa donna che in una delle scene iniziali del film si ritira nella sua camera, si abbassa sull'inginocchiatoio e prega Dio. E lo prega nonostante, quattro anni prima, lo stesso Dio abbia chiamata a se prematuramente la figlioletta di quattro anni.

Non solo lo ringrazia per la sua saggezza ma gli raccomanda l'anima della sua piccola ascesa al cielo: *"Grazie, mio Dio, per avermi concesso di svegliarmi sana e serena dopo una notte trascorsa in un sonno profondo sotto la tua benevola protezione. Ti prego oggi qui come ogni giorno di far custodire e difendere dai tuoi angeli la mia bambina che nella tua insondabile saggezza hai voluto chiamare al tuo fianco"*.

La stessa Anna che, oltre ad accudire fisicamente Karin, la

assiste anche psicologicamente: cerca in tutti i modi di risollevarne lo spirito, anche leggendole un brano de *Il circolo Pickwick*[179]. Ancora una volta Ingmar Bergman sembra ricorrere all'arte, in questo caso alla scrittura, come per considerarlo l'unico antidoto contro un presente non più soddisfacente, anzi, un presente che si va facendo sempre più drammatico. Anna viene portato ad esempio di individuo profondamente e sinceramente religioso, che ad un affronto, pure da considerarsi ingiusto, del proprio Dio, reagisce con la fede: reagisce accrescendo la sua fede ed intensificando le sue preghiere, quindi la sua religiosità. Esempio praticamente opposto a quello del pastore Thomas[180] che, pur essendo un amministratore del culto, reagisce sconsideratamente al lutto personale: ha perso la moglie e con essa ha perso definitivamente anche la fede in Dio. Ma, come accennato in precedenza, i protagonisti del film sono anche i corpi e la carne umani. Come corruzione della carne, attraverso l'incedere della malattia mortale che si nasconde nelle viscere di Agnes; o (corpo e carne) come calore umano, attraverso il rapporto fisico che si instaura tra la fantesca Anna e la malata Agnes. Rapporto suggellato dall'abbraccio michelangiolesco, come a simboleggiare una *Pietà laica*, che Ingmar Bergman costruisce in una delle scene più suggestive e formalmente meglio riuscite di tutto il film. Rapporto sottolineato, anche in una scena precedente, dallo splendido appunto letto da Anna dal diario di Agnes (Harriet Andersson) malata di cancro e morente: "*Il regalo più bello è la solidarietà, il calore umano, l'affetto. Credo che la gioia sia proprio questa.*" O, infine, carne come nel corpo ferito nella sua intimità femminile sanguinante, sulla

---

179 Un classico della letteratura per ragazzi, firmato nell'800, del narratore inglese Charles Dickens.
180 Il protagonista di *Luci d'inverno* (*Nattsvardgasterna*, 1961).

quale Karin si accanisce con un pezzo di vetro, come segno di sfida nei confronti del marito Fredrick, reo di averla trascurata per una vita, rincorrendo solo la sua carriera diplomatica.

Ancora una volta riecheggia, come in molti altri film di Ingmar Bergman la sua filosofia atea e il suo concetto di amore che può sostituire Dio, magistralmente sintetizzato nelle tre frasi che seguono: *"Viviamo così lontano da Dio che forse non ci sente quando chiediamo aiuto. Perciò dobbiamo aiutarci tra noi e darci l'un l'altro quel perdono che un Dio remoto ci nega."*

E ancora: *"L'amore abbraccia tutto anche la morte."*

E, infine: *"Dobbiamo avere qualcuno da amare, se non lo abbiamo è come essere morti."*

E, se alle donne, Ingmar Bergman sembra aver riservato in *Sussurri e grida* le battute migliori, al contempo attribuisce ai maschi quelle peggiori e, comunque, quelle che appaiono allo spettatore le più insulse e discutibili. David, il dottore (Erland Josephson), ad esempio, in una scena si rivolge a Maria, una delle tre sorelle (Liv Ullman), con la quale in passato ha avuto una relazione extraconiugale, dicendo: *"Sai da dove ti vengono le rughe? Dalla tua indifferenza. E questa lieve curva che va dall'orecchio alla punta del mento non è nitida come un tempo. Questo significa che sei superficiale e indolente. E lì alla radice del naso ora c'è troppo sarcasmo, c'è troppo scherno. E sotto i tuoi occhi inquieti mille rughe impietose, secche, quasi inavvertibili di noia e di impazienza".*

E ancora il dottore David sempre rivolgendosi a Maria, nella stessa sequenza: *"Vieni qui, guardati allo specchio. Sei bella, sei forse anche più bella che allora, ma tanto cambiata."*

E si giunge alla inesorabile fine: la morte di Karin.

Sopraffatta dalla malattia, come in una tragedia dal finale già scritto, la donna si abbandona nelle braccia della morte.

126

Giovanni Grazzini, all'epoca della presentazione del film a Cannes, disse: *"Suona l'ora di Bergman, e sul più alto pennone del festival s'alza il vessillo del brivido![181]"* E, in effetti l'orrore arriva sullo schermo quando Karin, già morta, ma ancora sul letto di morte, tenta di avvinghiarsi ad Anna e a lei si rivolge, dicendo: *"Io sono morta ma non posso lasciarvi."* E' il ricorso di Ingmar Bergman alla pazzia del sogno o alla pazzia della vita reale che tanto somiglia ad un sogno. Anna risponde, infatti: *"E' solo un sogno."* Ma Karin, la morta, risponde a sua volta, ribadendo alla sorella la sua richiesta d'amore che pare reale: *"Forse per te, ma non per me."*

L'INFANZIA, I RICORDI,
LA MEMORIA: L'AUTOBIOGRAFISMO

Verso la fine del film Agnes ricorda la madre morta una ventina d'anni fa e alcuni momenti della sua infanzia vissuti con essa.
In questa scena riverberano il significato che l'infanzia[182], la memoria[183], i ricordi[184], e l'autobiografismo[185] rivestono, nella sua poetica, lungo tutta l'opera di Ingmar Bergman.
Agnes racconta: *"Penso sempre alla mamma, quasi ogni*

---

181 Giovanni Grazzini, *Gli anni settanta in cento film.*
182 *"L'infanzia è sempre stata la mia maggiore fornitrice."* (Ingmar Bergman, *Lanterna magica*)
183 Ingmar Bergman amava Marcel Proust e il suo aforisma: *"Solo nella memoria si forma la realtà".*
184 *"E' proprio questa la pedagogia narrativa di Bergman: c'è solo il presente e l'infanzia ricordata, rivissuta, è una sorta di prova generale, Un mondo perduto di luci, profumi, suoni, da conservare per sempre."* (Antonio Costa, *Ingmar Bergman*)
185 Secondo August Strindberg, altro maestro di Bergman, *"L'autobiografismo è l'unica forma di letteratura."*

giorno, anche se è morta da più di vent'anni. Ricordo che spesso andava a cercare pace e solitudine in giardino. Ricordo anche che io passo passo la seguivo a distanza e la spiavo, ma senza intenzione, solo perché le volevo bene ed ero gelosa. Le volevo bene perché era dolce, bella, viva; perché faceva sentire la sua presenza. Certe volte però sapeva essere severa, quasi crudele, e mi rimproverava ed io non potevo fare a meno di essere dispiaciuta per lei, ma adesso che ho un'altra età riesco a capirla meglio. Vorrei poterla rivedere per dirle tutto quello che oggi intuisco della sua noia, della sua impazienza, dei suoi desideri, della sua malinconia.(...) per l'Epifania la mamma dava sempre una festa e la zia Olga arrivava con la sua lanterna magica[186] e le sue favole. Mi sentivo sempre esclusa e spaurita e se la mamma mi parlava in quel suo modo sbrigativo capivo appena ciò che mi diceva. La mamma e Maria, invece, avevano sempre tante cose da confidarsi, si somigliavano molto, e io un po' gelosa non capivo cosa avessero tanto da ridere. Erano tutti di buon umore, solo io non riuscivo ad unirmi alla loro allegria. Mi ricordo un'altra volta si era in autunno, mi ero nascosta dietro una tenda e da lì la osservavo, era seduta nel salotto rosso, indossava un abito bianco, assorta nei suoi pensieri, la testa china e le mani abbandonate sulla tavola. A un tratto mi vide e mi chiamò con voce dolce. VIENI! Andai verso di lei esitante perché pensai che come al solito volesse rimproverarmi, invece mi fissò con uno sguardo così dolce che quasi scoppiai a piangere. Sollevai una mano e le sfiorai una guancia. Quella volta ci sentimmo tanto vicine."

---

186 Lanterna magica, due parole ricorrenti nella vita di Ingmar Bergman: così s'intitola la sua autobiografia nella quale racconta diversi episodi legati a questa macchina affascinante che lo iniziò al cinema.

AGNES E ANNA

Un grande scena, una delle tante in *Sussurri e grida,* è certamente quella che vede protagoniste Anna ed Agnes, l'infermiera che va al capezzale della donna morente di cancro.
In essa un distillato di tutto l'amore, la compassione, il senso di sacrificio che un essere umano, che pure ha perso sua figlia, una bambina di quattro anni, può mettere in campo e, insieme, la sofferenza, il dolore, l'inadeguatezza alla vita di una donna che sa di dover morire ma è impreparata alla morte.
Ma quale essere umano può mai ritenersi preparato a morire?
L'uomo non ama la morte. La rifiuta. La fugge. Sempre e comunque.
Quando Agnes morta si rivolge alle sorelle e dice loro: *"Io sono morta ma non posso lasciarvi."*
Le due sorelle, che pure le hanno fatto compagnia, l'hanno a loro modo amata, la respingono indietro, con gelo nel corpo e terrore negli occhi.
Eppoi, chi può essere più grato alla vita?
I vivi o i morti (o i morenti)?
Alla fine del film la domanda sembra ottenere la meritata risposta.
Anna legge il diario di Agnes, nel quale la scrivente ammalata e agonizzante manifesta tutto il suo attaccamento alla vita.
Solo i morenti possono essere grati alla vita; hanno consumato tutto il loro attaccamento.
Quelli che sanno di poterla ancora vivere non hanno gratitudine: sono quasi tutti colpiti dal male di vivere.
E si ritrova in *Sussurri e grida* anche lo strano concetto di commistione tra vita e morte; di non-differenziazione netta tra vita e morte.
Ingmar Bergman lo aveva proposto in un suo capolavoro

precedente: *Il posto delle fragole.*

In pratica la tesi bergmaniana appare solo superficialmente assai originale; ad una più attenta analisi essa è intrisa dei valori biblici cristiano-cattolici.

Muove dalla nozione biologica della nascita, che ci porta alla vita, che non è altro che un lungo processo di invecchiamento concluso dalla morte biologica. E dopo la morte l'individuo rinasce a nuova vita. Risorge. Come pare risorgere Agnes. La quale morendo, risorge a nuova vita.

In Bergman la morte e la vita non appaiono tanto nettamente distinte o contrapposte; ma si compenetrano; si completano, l'uno con l'altro fenomeno.

Vita e morte, nel grande cinema di Ingmar Bergman sono fatte della stessa sostanza del sogno.

Agnes, dolorante e morente, dal letto della sua camera, con voce accorata e sofferente, chiama Anna, intenta a cucire: *"Anna, vieni qui! Anna, ti prego, vieni. Sdraiati! Qui... qui accanto... Vorrei tornare nella culla... Vicina alla mamma."*

Anna si china sul suo viso, la bacia e, intanto inizia a sbottonarsi la camicia bianca.

Anna: *"Ci sei vicina, cara, sei ancora vicina al suo seno. Sono io la tua mamma."*

Agnes, con un filo di voce: *"Non è vero! E' morta."*

Agnes si china ancora sul suo viso, la bacia ripetutamente, sul volto, sulle labbra, tra i capelli.

Poi, con voce rassicurante e dolce: *"Non devi temere, ci sono io accanto e non ti lascio."*

Agnes, sofferente: *"Il cuscino è caldo."*

Anna: *"Ma le mie mani sono fresche, appoggiati a me, vieni sul mio seno, starai meglio."*

Anna stringe Agnes a se, contro il suo grande seno nudo, la

accoglie tra le sue gambe[187]: "...*come faceva la mia piccola.*
Prova a dormire un po', prova a dormire. "
Agnes: "*Sei così buona tu.*"

"*Credo che il film sia fatto di questa poesia: una persona
muore ma si impiglia a mezza strada in qualcosa, come in un
incubo, e chiede tenerezza, esonero, liberazione,o qualsiasi
altro diavolo di cosa. Ci sono altre due persone e le loro azioni
e i loro pensieri si trovano in relazione con la persona morta,
non-morta, morta. La terza la salva tranquillizzandola,
cullandola, accompagnandola per strada. Credo che questo
sia poesia, o l'invenzione o come la si voglia chiamare.*[188] "

LA CENA DELLE BEFFE

Sussurri e grida è anche il film nel quale Ingmar Bergman
torna sul tema dell'inferno dentro il matrimonio.
Sia Maria che Karin vivono due situazioni famigliari, anzi
matrimoniali, abbastanza burrascose.
Ingmar Bergman le descrive in due precise occasioni narrative,
con altrettanti *flash-back*. Il primo, quando mostra il tentativo
di suicidio, peraltro quasi tragicomico, del marito di Maria:
Joackim. Ad esso la moglie ha praticamente confessato un suo
tradimento col medico di famiglia David che è stato invitato a
dormire in casa da lei, in assenza delle due sorelle, in gita in
Italia e dello stesso marito, fuori per lavoro.
La scena del flash-back si svolge a cena, in casa delle sorelle:

---

187 Per quella che è stata definita da alcuni critici l'icasticizzazione
   michelangiolesca di una Pietà laica.
188 Ingmar Bergman, *Immagini.*

Maria osserva David che mangia e intanto ammicca al dottore che mangia.

Maria parla: *"Anna e Karin si trattengono ancora in Italia. Hanno scritto giorni fa. Agnes sta molto meglio, non tossisce quasi più. E ha ricominciato a dipingere, dice. Il marito di Karin era lì per la Pasqua. Hanno bel tempo come qui da noi in estate, anche se la sera rinfresca."*

David: *"E tuo marito come sta?"*

Maria: *"Mio marito è in città, non torna prima di domani. Gli ho detto che ti avrei chiamato per farti visitare la figlia di Anna. Ti ha lasciato i suoi saluti."*

David, *commosso,* ringrazia: *"Grazie!"*

La seconda, quando mostra la cena triste e silenziosa che si svolge sempre in casa tra il marito diplomatico Friederick e sua moglie Karin.

Friederick, rivolto ad Anna, la fantesca: *"Ancora un po di pesce, per favore."*

Rumori di posate.

Friedrick, rivolto a Karin, la moglie: *"Tu non mi fai compagnia?"*

Karin: *"No, grazie!"*

Lunghi imbarazzanti silenzi, rotti solo dal rumore delle posate.

Karin beve del vino rosso; il marito la guarda, poi si rivolge alla moglie: *"Perché sorridi?"*

Karin, beffarda: *"Non sorrido!"*

Altro lungo silenzio, mentre Karin osserva il marito che mangia e sorseggia del vino rosso.

Karin: *"Vuoi prendere un caffè in salotto o andiamo subito a letto?"*

Friederick: *"No, il caffè non mi va, grazie."*

Karin infrange il bicchiere sul tavolo.

Si guardano entrambi, il marito pare sorpreso, poi accenna una smorfia. Beve ancora del vino. In sottofondo si sente il pendolo di un orologio da parete che oscilla. Karin guarda il vetro. Pensa qualcosa.

Friederick: *"E' tardi, non resta che andarcene a letto."*

Quando la scena, più tardi, si trasferisce nella camera da letto dei due, Karin si ferisce la vagina col pezzo di vetro di un bicchiere frantumato che ha raccolto dal tavolo.

Col drammatico auto ferimento di Karin si compirà la sua tremenda vendetta contro il marito.

L'estremo gesto pare architettato, infatti, di proposito, a voler impedire al marito qualsiasi tipo di approccio sessuale, pensato o ipotizzato, e racchiude, insieme, il desiderio di una rapporto altro, con altra persona che non sia lui.

IL VOLTO, LA MASCHERA

Nella scena - alla quale abbiamo già accennato - in cui si svolge un accorato ma drammatico dialogo tra il dottore David e Maria, Ingmar Bergman torna su due temi a lui cari, sui quali erano incentrato alcuni dei suoi film più famosi: il volto e la maschera. Anche se, a voler andare più a fondo nell'analisi, potremmo aggiungere anche: il *tranfert* interpersonale e lo sdoppiamento della personalità. In questa sede possiamo limitarci a citarne solo due, i film più famosi che hanno alla base questi temi: *Il volto*[189] e *Persona*[190]

David: *"Vieni qui Maria, vieni qui. Guardati allo specchio. Sei bella, sei forse anche più bella di allora, ma sei tanto*

---

189 *Ansiktet,* 1958.

190 *Persona*, 1966. Sullo stesso film un saggio dello stesso autore: Salvatore M. Ruggiero, *Persona – Un capolavoro di Ingmar Bergman.*

cambiata: vorrei che vedessi quanto sei cambiata. I tuoi occhi hanno sguardi rapidi e sfuggenti, un tempo guardavi tutto e tutti apertamente, senza crearti una maschera. La tua bocca ha assunto un'espressione insoddisfatta, famelica, prima era così dolce. Il tuo viso è pallido, la pelle incolore, sei costretta a truccarti. La tua bella fronte ampia, spaziosa ha quattro rughe sopra ogni sopracciglio, non riesci a vederla con questa luce, ma risaltano chiare di giorno. Lo sai da dove ti vengono queste rughe?"

Maria: *"No!"*

David: *"Dalla tua indifferenza, Maria. E questa lieve curva che va dall'orecchio al mento non è nitida come un tempo. Questo significa che sei indifferente e indolente. E lì, alla radice del naso perché ora c'è tanto sarcasmo, Maria? Riesci a vederlo? C'è troppo sarcasmo, troppo scherno. E sotto ai tuoi occhi inquieti mille rughe impietose, secche quasi inavvertibili di noia e di impazienza."*

Maria: *"Sul serio vedi queste cose sul mio viso?"*

David: *"No! Ma le vedo ogni volta che mi baci."*

Maria: *"E ogni volta che rispondi ai miei baci. Lo so dove li vedi.*

David: *"Si! Le vedo su di te."*

Maria: *"Le vedi su te stesso; perché noi siamo uguali: tu ed io."*

David: *"Sarei anch'io egocentrico, cinico, indifferente?"*

RUMORI, SUONI E MUSICA

Come e di più che in qualsiasi altro film di Ingmar Bergman i rumori, il suono e la musica giocano, in *Sussurri e grida*, un ruolo importantissimo. Nelle immagini del film si vedono

134

spesso e, altrettanto spesso si sentono, gli orologi, col loro ticchettio continuo e coi loro rintocchi: sono rappresentati sotto forma di piccole pendole da comò o di regolatori da parete. Uno di questi si era fermato: viene rimesso in orario proprio dalla agonizzante Agnes che, per farlo, si alza dal letto, dopo l'ennesima crisi di dolore, alle quattro del mattino: lo spettatore è a conoscenza dell'ora esatta dalla inquadratura stretta che Bergman chiude sul quadrante dell'orologio e dai quattro rintocchi che, quasi automaticamente è portato a contare durante la visione e l'ascolto del film.

L'orologio, convenzionalmente ha la funzione di misurare il tempo e di segnare l'ora esatta.

E sembra proprio questa l'unica ma nevralgica funzione che il regista gli assegna nel film: misurare lo scorrere dei secondi, dei minuti, delle ore che, nella casa, separano Agnes dalla fine della sua vita, del suo dolore e della sua agonia. Il tempo esatto che manca alla sua morte. Gli altri suoni che lo spettatore avverte sono quelli quasi impercettibili dei corpi, il frusciare degli abiti e della biancheria; lo scalpiccio dei passi sul pavimento; il rumore dei bicchieri di cristallo e delle posate su piatti della tavola da pranzo; o, ancora, i rantoli, i sussurri e le grida di Agnes e degli altri personaggi che contrappuntano alcune scene topiche.

Oppure, ancora, il suono è quello dei brani musicali quasi centellinati.

I brani musicali, veri e propri, ascoltati nel corso del film, in realtà, sono solo due:

a) la *Mazurka in La minore op.17 n.4* di Chopin, eseguito al pianoforte da Kabi Laretei, quarta moglie di Bergman, messa sotto contratto addirittura dalla moglie in carica, Ingrid van Rosen;

b) la *Sarabanda dalla Suite in do minore n.5* di Bach, eseguita

135

dal violoncellista Pierre Fourneur.

Molto particolari sono pure i momenti nei quali Ingmar Bergman fa uso dei due commenti musicali: *"Un'armonia perduta e poi ritrovata"* nel ritrovato rapporto di Agnes con la madre; e il rapporto di ritrovata comunicativa tra le due sorelle Agnes ed Anna.

CONCLUSIONE

Sussurri e grida è un film sontuoso.

Per l'impianto scenico, per i costumi, per gli attori, per la quantità di simboli, per la ricchezza di valori formali e sostanziali, per la musica e per i suoni e per le luci e i colori.

Per finanziare il film, oltre al mezzo milione attenuto dalla Svensk Filmindustri, Ingmar Bergman dovette dare fondo a buona parte dei suoi risparmi e chiedere anche agli attori principali, peraltro tutti sui amici, di investire nella produzione la loro paga sindacale.

Nonostante ciò i lavoratori dello spettacolo svedese si opposero duramente, sostenendo che Bergman non avrebbe avuto difficoltà a trovare tutti i soldi che gli servivano all'estero e questo avrebbe dovuto indurlo a non approfittare delle scarse finanze della casa di produzione nazionale.

Purtroppo, come si suol dire: *anche i ricchi piangono!*

Ingmar Bergman, all'epoca, aveva anche lui difficoltà a reperire i fondi, dopo il mezzo insuccesso de *L'adultera*[191].

Tuttavia quando il film uscì nelle sale, all'accoglienza tiepida riservata dagli svedesi, si contrappose il successo tributato dagli americani a New York, dove il film fu presentato, in una

---

191 *Beroringen,* 1970.

sala non proprio di prim'ordine, prendendo all'ultimo momento il posto di un film di Luchino Visconti.[192]

Ma *Sussurri e grida* è anche il film che, oltre a dargli l'indipendenza economica, dopo la cd. *Tetralogia di Faro*[193], dà a Ingmar Bergman anche la piena consapevolezza dei suoi potenti mezzi espressivi.

Già nella fase di allestimento della scenografia non c'era stato nella villa un singolo particolare che non fosse stato fotografato e ripreso nel giusto contesto e nella giusta luce.

Circolano molte famose foto di scena nelle quali Ingmar Bergman posiziona letteralmente con le sue proprie mani gli attori sulla scena, nella esatta posizione spaziale che essi devono rigidamente assumere nell'inquadratura.

E' rimasta leggendaria, fra tutte, quella in cui si vede, da dietro, il letto di morte di Agnes e di fronte Ingmar Bergman che guida Liv Ullman, tenendola da dietro per le braccia, nella esatta posizione che deve assumere davanti ad Agnes, la sorella morta, e accanto all'altra sorella Karin.

"Ogni forma di improvvisazione mi è estranea...il cinema è per me un'illusione progettata fin nei minimi dettagli, lo specchio di una realtà che quanto più vivo più mi appare illusoria.[194]"

E' per questo motivo che nelle grandi stanze rosse della signorile villa di Taxinge tutto era ed appariva al suo posto: mobili, soprammobili, orologi, personaggi.

E negli occhi e nella mente di chi ha amato il film è ancora tutto così.

---

192 Probabilmente doveva trattarsi di *Morte a Venezia* o di *Ludwig*, insieme a *La caduta degli dei*, tre film della cd. *Trilogia tedesca*.
193 Composta di 4 film: *Persona; L'ora del lupo*, *Vergogna* e *Passione*.
194 Ingmar Bergman, *Lanterna magica*.

QUALCHE CURIOSITA'

- Ad alcune atmosfere e personaggi di *Sussurri e grida* si è ispirato Woody Allen nel suo *Interiors*[195];

- A far parte del *cast* del film doveva arrivare dagli U.S.A. Mia Farrow[196], che Ingmar Bergman aveva interpellata, ma poi della sua partecipazione non se ne fece niente.

- Il motivo per cui non partecipò Bibi Andersson invece si sa: era in cinta.

- E, contrariamente a quanto previsto dal regista in un primo momento, non partecipò nemmeno Gunnel Lindblom[197] che Bergman avrebbe voluto perché la considerava una... *"solida e dichiarata femminilità."*

- Il film uscì in anteprima a New York il 21 dicembre del 1972, mentre in Svezia arrivò solo più di un anno dopo: il 5 marzo del 1973.

---

195 Un film del regista statunitense del 1978.
196 Nota attrice americana, negli anni '80 moglie di Woody Allen.
197 Altra nota attrice bergmaniana: interprete di *Il posto delle fragole*; *Il settimo sigillo*, *La fontana della vergine*, *Il silenzio*, *Luci d'inverno* e *Scene da un matrimonio*.

NOTIZIE SUL FILM

Titolo originale	*Viskningar och rop*
Lingua originale	Svedese

Durata	91 min
Colore	colore (Eastmancolor)
Audio	sonoro (mono)
Rapporto	1,66:1
0enere	drammatico
Regia	Ingmar Bergman
Soggetto	Ingmar Bergman
Sceneggiatura	Ingmar Bergman
Produttore	Lars-Owe Carlberg
Casa di produzione	Cinematograph AB, Svenska Filminstitutet
Fotografia	Sven Nykvist
Montaggio	Siv Lundgren
Musiche	Pierre Fournier
Scenografia	Marik Vos-Lundh
Trucco	Cecilia Drott, Borje Lundh

PERSONAGGI E INTERPRETI

Arriet Andersson: Agnese.
Kari Sylwan: Anna
Ingrid Thulin: Karin
Liv Ullmann: Maria e la madre di Maria
Erland Josephson: David, il dottore
Henning Moritzen: Joakim, marito di Maria
Georg Årlin: Fredrik, marito di Karin
Anders Ek: padre Isak
Inga Gill: narratore
Linn Ullmann: figlia di Maria
Ingrid Bergman: spettatrice (nei titoli come Ingrid von Rosen)
Lena Bergman: Maria, quando era bambina
Lars-Owe Carlberg: spettatore
Malin Gjörup: figlia di Anna
Greta Johansson e Karin Johansson: addette alle pompe funebri
Ann-Christin Lobråten: spettatrice
Börje Lundh: spettatore
Rossana Mariano: Agnese da bambina

FANNY
E ALEXADER

(1972)

Titolo originale: *Fanny och Alexander*

Titolo in inglese: *Fanny and Alexander*

"C'è una illustrazione, in una edizione dei racconti di E.T.A. Hoffman, che mi si è spesso ripresentata alla memoria. L'immagine è presa dallo Schiaccianoci. *Ci sono due bambini rannicchiati alla penombra, la vigilia di Natale, e aspettano che venga acceso l'albero e che siano aperte le porte della sala. Di qui presi lo spunto per la festa natalizia con cui comincia* Fanny e Alexander*".*

(Ingmar Bergman, dal suo libro-diario: *Immagini).*

PROLOGO

"I padrini di Fanny e Alexander sono due. Uno è E.T.A. Hoffmann...[198]*"*

La breve frase-confessione del Maestro, che ho utilizzato per introdurre questo lavoro, racchiude tutti gli elementi attraverso i quali potremo accedere alla esatta, profonda, totale comprensione del suo capolavoro: la memoria; i bambini; la penombra; la festa natalizia; il salone.

Vedendo un qualsiasi film di Ingmar Bergman si riceve la netta sensazione di non essere assolutamente certi che si stia assistendo ad una storia reale, ma piuttosto che ci si possa trovare all'interno di un sogno. Questa sensazione deriva direttamente dalla constatazione della spiccata tendenza di Ingmar Bergman a miscelare continuamente i connotati propri della realtà con quelli propri del sogno. (Ma c'è poi tanta differenza?) Addirittura, si potrebbe dire che, per lui, la vita è un sogno e i sogni sono la vita[199]. Come del resto, è ampiamente testimoniato da ciò che lui stesso amava ripetere e scrivere a proposito della stretta correlazione tra film e i sogni: *"Film come sogni, film come musica. Nessuna arte passa la nostra coscienza come il cinema, che va diretto alle nostre sensazioni, fino nel profondo, nelle stanze scure della nostra anima.*[200]*"* Oppure, ancora a proposito di sogni: *"I sogni riescono a dirmi molte cose, non in senso freudiano, ma in un senso totalmente umano.*[201]*"*

---

198 Ingmar Bergman, *Immagini.*
199 *"Noi abbiamo sogni; non è forse tutta la vita un sogno?"* (A. Schopenhauer, *Il mondo come volontà e rappresentazione*)
200 Ingmar Bergman, *Lanterna magica.*
201 Ibidem.

E, infine, sempre a proposito di sogni: *"...Quando ero più giovane e dormivo bene, ero tormentato da sogni ripugnanti: assassinii, torture, soffocamenti, incesti, distruzione, collera folle. Nei giorni della mia vecchiaia i sogni sono sfuggenti ma benigni, spesso consolanti."*

E infine, a proposito di ciò che Ingmar Bergman cerca al di là della ...realtà: *"Quando si tratta di film, voglio essere me stesso... penetrare nei segreti che si trovano dietro le pareti della realtà"*.

La sensazione di cui rendevamo conto appare ancora più netta assistendo ad alcuni dei film del Maestro e si fa ancora più netta, quasi aggressiva, assistendo a *Fanny e Alexander*: il film non è altro che un'autobiografia sotto forma di sogno o sognata[202]; un grande affresco, nel quale più di cinquanta personaggi si muovono in una realtà che, quasi distorta dal ricordo, finisce per diventare sogno. O meglio, quella particolare situazione spazio-temporale che gli antichi latini definivano: *imago*[203], parola che, non ha esatti corrispettivi di significato nella nostra lingua, risultando difficilmente traducibile in italiano con termini adeguati a riportarne la stessa complessità e le stesse sfumature.

L'altro padrino a cui Ingmar Bergman allude nell'*incipit* di questo paragrafo "*...è Charles Dickens*[204]."

"Il vescovo e la sua casa, l'ebreo nella sua bottega fantastica, i bambini vittime. Ne uscì l'idea di un contrasto tra un mondo

---

202 *Autobiographie reveé* ...per dirla alla maniera dei francesi.
203 Nella psicanalisi *Imago* non è l'immagine, ma uno schema inconscio con cui il soggetto considera l'altro.
204 Anche in *Sussurri e grida* c'è un riferimento a C. Dickens: Maria legge un passo di un suo libro a Karin.

chiuso in bianco e nero e la vita fiorente fuori.[205] "

Il film in oggetto, probabilmente è l'ultimo grande capolavoro del Genio di Uppsala. Sebbene non sia in assoluto l'ultimo film di Ingmar Bergman[206], ma sia stato seguito da altri lavori, sia per il cinema che per la TV, da molti fu considerato, in effetti il *canto del cigno* del grande cineasta svedese, probabilmente il più grande di sempre. Comunque il suo vero, ultimo, importante testamento spirituale e artistico.

SINOSSI

Il film è la storia di una grande saga familiare. La famiglia Ekdahl di Uppsala[207], tra il Natale del 1907 e la primavera del 1909. I componenti della famiglia Ekdhal fanno tutti riferimento alla figura centrale della nonna Helena. Donna forte e saggia che in gioventù è stata un'apprezzata attrice.[208] Quando i figli e i nipoti arrivano a casa per festeggiare tutti insieme il Natale la nonna Helena li osserva dalla finestra in compagnia del compagno Isak e dice: *"Ecco la mia famiglia che arriva."* La famiglia, i componenti, il mondo esterno sono osservati e descritti da Fanny e Alexander, figli del direttore del teatro locale Oscar.[209] La cerchia famigliare, ma non tutti i personaggi che sono esattamente sessanta, sono completati dagli zii Gustaf Adolf e Carl, e dalle loro rispettive mogli. Carl

---

205 Ingmar Bergman, *Immagini.*
206 Seguirono almeno tre film: *Dopo la prova* (*Efter repetitionen*, 1983); *Vanità e affanni* (*Larnar och gor stig till*, 1997) e *Sarabanda* (*Saraband*, 2003) oltre ad altri lavori per la Tv e documentari.
207 Ingmar Bergman nasce ad Uppsala il 14 luglio del 1918.
208 Il primo importante riferimento di Ingmar Bergman all'arte.
209 Due notevoli riferimenti autobiografici.

è un mezzo fallito e alcolista; mentre Gustaf è un donnaiolo impenitente che amoreggia con la cameriera Maj[210]. Quando una malattia improvvisa conduce alla morte di Oscar, proprio mentre in teatro sta provando la parte dello spettro di Amleto[211], Emilie, la madre di Alexander, prima trova conforto nella fede e nella religione[212]; poi finirà per sposare un pastore protestante[213], il perfido vescovo Vergérus[214] che l'aveva assistita spiritualmente. A questo punto la vita di Fanny e Alexander subisce un brusco quanto straniante cambiamento: dalla casa signorile e ricca di giochi essi dovranno adattarsi alla rigidità e all'austerità della canonica.[215] Alexander non ha più la disponibilità del suo teatrino delle marionette e non può dare più libero sfogo alla sua fantasia. E' costretto dalla nuova condizione ad ispirarsi alle vicende del mondo reale e alla vita nella canonica. La fantasia e la realtà confuse nella mente e nei racconti di Alexander scatenano nel pastore patrigno un'antipatia nei confronti del bambino e una collera incontrollata e ingiustificata. Fanny e Alexander si sentono prigionieri nella canonica e questo loro *status* viene correttamente interpretato dalla cara nonna. Con l'aiuto dell'amante ebreo essa organizza un vero e proprio rapimento: trasporta fuori della canonica i bambini chiusi in una cassa e li nasconde nel magazzino del rigattiere ebreo Isak Jacobi.

---

210 Interpretata dalla bella Pernilla August.

211 La tragedia più nota di Shakespeare.

212 Ricorda il personaggio della fantesca Anna in Sussurri e grida che pur avendo perso la figlioletta si rifugia in Dio e nella preghiera.

213 Altro forte riferimento autobiografico: il padre di Ingmar Bergman era un pastore protestante.

214 E' tradizione dei film di Bergman che il nome Vergerus coincida con personaggi foschi. Vedi ad es. il Vergerus, medico del consiglio di igiene, di *Il Volto* (*Ansiktet*, 1958).

215 Altro riferimento autobiografico: anche il padre di Ingmar Bergman impartì ai figli una educazione rigidissima.

Nascosto nel magazzino, al buio, Alexander fantastica e s'interroga sul mistero della vita. Il vescovo, di cui Isak aveva fantasticata la morte, per Alexander solo depositario di severità e punizioni, muore accidentalmente durante un incendio divampato nella canonica. La zia Elsa rovescerà la lanterna a petrolio che lo stesso Vergerus aveva messo accanto al letto per far luce nel buio della notte, s'incendierà i vestiti e, correndo per tutta la casa, appiccherà il fuoco ovunque. La morte di Vergerus (al quale erano stati dati dei sonniferi e che, comunque, non rimpiangerà nessuno, nemmeno la madre) che era stata anticipata, in qualche modo addirittura progettata, da Ismael lo strano figlio androgino di Isak, libera Alexander, finalmente. Alle vicende di Fanny e Alexander quasi tutte drammatiche si intrecceranno quelle personali, anche tragicomiche, degli zii Gustav Adolf e Carl. Dopo la festa natalizia un'altra festa arriva a segnare l'inizio del nuovo corso e se vogliamo la ricongiunzione col vecchio, dopo la parentesi della canonica: la nascita delle bambine di Emilie e di Maj, con lo zio Gustaf Adolf (che, probabilmente, è il padre illegittimo, che fa il discorso commemorativo dicendo che la grande famiglia degli Ekdhal continua. E con essa continua anche la vita. Il finale è assai poetico. La nonna Helena ha la testa di Alexander appoggiata sul suo grembo e gli legge un libro[216].

ANALISI DEL FILM

Il film fu realizzato e pubblicato in due versioni diverse per lunghezza, durata e montaggio: una più corta, tagliata a circa tre ore di durata (188 minuti), e una più lunga di cinque ore

---

216 Come faceva Maria con la sorella malata Karin in *Sussurri e grida*.

(312 minuti) totali. La versione più breve uscì prima, mentre la versione lunga non venne resa pubblica che a distanza di un anno, anche se era stata completata per prima. La versione estesa è stata utilizzata per una miniserie in quattro parti trasmessa a puntate in televisione. Fu criticata da più parti per la "scomparsa" di alcuni personaggi e per il montaggio apparso a molti frettoloso e tutt'altro che inappuntabile. Tale versione fu, in effetti, il risultato di un montaggio, elaborato dallo stesso Ingmar Bergman coadiuvato dalla sua tecnica di fiducia Silvia Ingemarsson, che lo raggiunse a Faro, e che avrebbe dovuto ridurre il materiale ad un film di un'ora e mezza, ma che invece, con grande stupore del Maestro - che pretendeva di avere un grande *senso del tempo* - produsse una pellicola lunga ben quattro ore.

"Non c'era altro da fare che ricominciare daccapo. Adesso, con mio disgusto, ero costretto a tagliare i nervi vitali del film. Sapevo che ad ogni taglio la mia opera peggiorava. Giungemmo, allora, a un compromesso, per una durata finale di tre ore e otto minuti.[217]

Ingmar Bergman ne parla diffusamente nel corso della lunga intervista rilasciata a O. Assayas e S. Bjorkman.[218]

O.A.-S.B.: *"Qual'è per lei la forma definitiva del film?"*

I.B.: *"Dimentichi la versione di tre ore! La trovo terrificante! Ma era l'unico modo di fare* Fanny e Alexander... *L'unico...* Il vero Fanny e Alexander *dura oltre cinque ore, cinque ore e mezza. Non è fatto per essere visto un'ora la settimana, poi un'altra ora e così via. Il film dev'essere visto in una sola volta*

---

217 Ingmar Bergman, *Immagini*.
218 *Conversazione con Ingmar Bergman: "...abbiamo incontrato Bergman* (a Stoccolma, n.d.A.) *tre volte, il 14, 15, 16 marzo 1990 dalle 14 alle 16."*

con una interruzione per la colazione o la cena. E ovviamente senza titoli di testa della serie televisiva."

O.A.-S.B.: *"E' già stato fatto vedere in questa versione?"*

I.B.: *"Si, Al Festival di Venezia. Inoltre credo che adesso si cominci a proiettarlo così.(...) E' la sola versione accettabile. Ovviamente avrei ancora potuto tagliare una ventina di minuti perché ci sono cose che trovo un po' lunghe... ma la sola possibilità di trovare il finanziamento per il film era lavorare per l'industria cinematografica e mettere a punto una coproduzione tra la televisione e il cinema..."*

In pratica successe questo. Ingmar Bergman si rendeva conto perfettamente che sarebbe stato impossibile e molto dispendioso costruire un solo film per la TV della durata di cinque ore e mezzo. Allora mise in piedi allora una coproduzione elefantiaca composta da: Svenska Filminstitutet, Cinematograph Ab (televisione svedese), Gaumont International (Francia), Svt Drama, Persona Film (di proprietà di Ingmar Bergman, Tobis Film Kunst (Germania) che potesse garantire la produzione e la distribuzione di due versioni diverse dello stesso film.

Il film è diviso idealmente in 5 capitoli:

1) il Natale;

2) il fantasma;

3) il commiato;

4) i fatti dell'estate;

5) demoni.

6) più un breve prologo e un lungo epilogo.

Fanny e Alexander è un film sontuoso: nell'allestimento; nella durata; nella quantità di personaggi, nella qualità degli attori; nella fotografia; nella complessità della trama; nella varietà dei temi trattati; nei costumi; nella scenografia; nell'ambientazione; nella sceneggiatura. Ed è animato da una sessantina di personaggi, divisi in quattro gruppi, che passano attraverso la frequentazione e l'abitazione di tre case diverse. Mette a fuoco tre temi centrali: l'arte (il teatro); la religione; la magia. Si diceva che esso rappresenta il congedo artistico dell'Ingmar Bergman uomo di cinema, ed è anche una accorata dichiarazione d'amore per la vita. E, come la vita, offre allo spettatore molte facce: commedia, dramma, *pochade,* tragedia. Il film può essere letto secondo varie chiavi di lettura anche perché, per la definizione dello stesso autore: *"è ...un arazzo, un'immensa tappezzeria dove ognuno può scegliere cosa vuol vedere.*[219]*"*

Alterna sapientemente: riti familiari (lo splendido capitolo iniziale); strazianti liti coniugali che sembrano estratte dalle *pieces* di August Strindberg ma anche dalla biografia del regista; cupi conflitti di tetraggine protestante luterana che rimandano all'arte espressionistica e visionaria di C.T. Dreyer[220]; colpi di scena da *feilleton,* quadretti idilliaci, intermezzi di allegra sensualità, impennate fantastiche, magie, trucchi, morti che risorgono. Insomma, un film "*dove tutto può accadere"*[221] e dove, in effetti, tutto accade. Compendio di quarant'anni di cinema all'insegna di un altissima arte narrativa. Il finale, struggente e significativo, è tutto incentrato sulle parole della nonna Helena che comincia a leggere una storia per Alexander, che ha appoggiato la testa sul suo grembo. "*Tutto può accadere, tutto è possibile e verosimile. Il tempo e*

---

219 Ingmar Bergman, *Lanterna magica.*
220 Regista e sceneggiatore danese nato nel 1889 e morto nel 1968.
221 Ingmar Bergman, *Immagini.*

lo spazio non esistono, l'immaginazione fila e tesse nuovi disegni.[222] "

CONNOTAZIONI AUTOBIOGRAFICHE

Il film è fortemente, ma anche volutamente, autobiografico. Dalla prima immagine di Alexander ripreso frontalmente che gioca dietro al teatrino delle marionette; il racconto dello zio Isak; il dialogo con Ismaele; la scena della punizione inflittagli dal vescovo Vergerus; fino all'ultima della nonna che legge ad Alexander un brano de *Il sogno* di Strindberg è una lunga serie di situazioni autobiografiche. Ingmar Bergman ricostruisce, con la consueta precisione e il solito amore, le grandi stanze della sua casa di Uppsala e le riempie con tutto il loro contenuto originario. Alexander che si nasconde sotto un tavolo nel salone e osserva rapito l'animazione della grande statua bianca e dei componenti dell'orologio da tavolo che si muovono, come in un sogno all'ombra del gigantesco lampadario di cristallo. Finanche i posti nei quali il regista da bambino si nascondeva dopo i frequenti, quasi quotidiani, litigi col padre, e anche quelli dove il padre lo rinchiudeva per punizione[223] - automatica conseguenza di ogni sua trasgressione - sono ricreati con memoria certosina. Alexander Ekdhal è, dunque, Ingmar Bergman stesso, da bambino. E Ingmar Bergman attinge a piene mani dai ricordi della sua infanzia, alla quale appare saldamente ancorato. Del resto, sostiene lui stesso: ...*"Sono profondamente fissato alla mia infanzia. Alcune impressioni sono estremamente vivaci: la luce, l'odore,*

---

222 Si tratta di brani de *Il sogno*, la *piece* di Stridberg.
223 Ingmar Bergman li descrive nelle pagine 12-14 della sua autobiografia *Lanterna magica*.

151

tutto. Ci sono momenti in cui posso vagare attraverso i paesaggi della mia infanzia, attraverso le camere, abitate molto tempo fa. Ricordo come sono stati arredati; le immagini appese alle pareti; il modo in cui la luce cadeva. È tutto come in un film. Da pochi frammenti di un film, che ho impostato, ed è in esecuzione, posso ricostruire tutto nei minimi dettagli. L'unica cosa che non posso ricrearne è l'odore.[224] "

La nonna Helena parla con Oscar Ekdahl, il padre di Fanny e Alexander e marito di Emilie: *"Lo vedi caro Oskar come vanno le cose? Ci si sente bambini e vecchi nello stesso tempo e tutto il periodo di mezzo non si riesce a capire dove sia andato a finire, quello che noi consideriamo tanto importante. (Sospira) Posso prenderti la mano?"*

E ancora Ingmar Bergman: ... *"In realtà io vivo continuamente nella mia infanzia: giro negli appartamenti in penombra, passeggio per le vie silenziose di* Uppsala, *e mi fermo davanti alla* Sommarhuset *ad ascoltare l'enorme betulla a due tronchi, mi sposto con la velocità di secondi, e abito sempre nel mio sogno: di tanto in tanto, faccio una piccola visita alla realtà.[225] "*

Degli altri personaggi centrali nel *plot* del film: Helena, è la nonna tanto amata dal regista, ma che rappresenta anche la mamma ideale, che Ingmar avrebbe tanto voluto avere. Oscar Ekdahl è il direttore del teatro e come tale da 22 anni tiene il discorso ufficiale. Inizia schermendosi: *"... E' una cosa per la quale non ho il minimo talento, me ne rendo conto quanto voi, specialmente se penso a mio padre che invece era un oratore veramente brillante. Si, insomma, l'unico talento che io ho, ammesso che io ne abbia uno ...di talento, ebbene è quello di*

224 Ingmar Bergman, *Immagini.*
225 Ingmar Bergman, *Lanterna magica.*

amare quel piccolo mondo racchiuso tra le spesse mura di questo edificio. E, soprattutto, mi piacciono le persone che lavorano in questo mondo piccolo. Fuori di qui c'è il mondo grande e qualche volta capita che il mondo piccolo riesca a rispecchiare il mondo grande tanto da farcelo capire un po' meglio. In ogni modo riusciamo a dare a tutti coloro che vengono qui la possibilità se non altro, per qualche minuto, per qualche secondo (pausa) ... per qualche... qualche secondo, di dimenticare il duro mondo che è là fuori. Il nostro teatro è un piccolo... è un piccolo spazio spazio, fatto di disciplina coscienza ordine e amore...Non capisco perché mi senta così, così comicamente solenne proprio stasera." Il pastore Vergérus, (solo l'ultimo di una lunga *stirpe* di signori Vergérus dopo quelli de: *Il volto*; *L'uovo di serpente*; *L'adultera*, tutti personaggi controversi se non addirittura negativi) rigido e punitivo, con la sua cattiveria, rappresenta il vero padre di Ingmar Bergman, quel padre-padrone che tanto lo ha oppresso e dal cui fantasma non è mai riuscito a liberarsi definitivamente. Alla fine del film, dopo la morte seguita all'incendio accidentale della canonica, il fantasma di Vergérus rivolto proprio ad Alexander, ancora una volta ma, stavolta, per l'ultima volta lo minaccerà, dicendogli: *"Non ti libererai di me."* Proprio come non lo abbandonerà mai, nella vita reale, il ricordo del padre severo e arcigno, quando Ingmar era appena bambino; burbero e in lite continua con la moglie, quando era giovanetto; senescente e smemorato, quando il regista viveva la sua età adulta ed era ormai diventato famoso. Isak Jacobi, l'amante ebreo della nonna, rappresenta, invece, il padre che Bergman avrebbe voluto avere, con la sua grande carica di umanità e la sconfinata passione per il teatro e per i giochi. Cultore di scienze occulte a tempo perso e con l'hobby della magia a fin di bene. Solo in qualche breve periodo della sua vita Ingmar Bergman aveva potuto assaporare la vera essenza e la piena soddisfazione di un vero rapporto tra padre e figlio come lo aveva immaginato in questo film. Nella sua autobiografia Ingmar Bergman racconta, così, in modo accorato, uno dei rari momenti felici vissuti in compagnia del padre. Il piccolo ha accompagnato, in bicicletta, il padre, in una delle sue escursioni nelle chiese di campagna dove era chiamato per officiare i riti e incontrare i fedeli. *"Quando uscimmo dal bosco di betulle e ci inoltrammo tra i vasti campi della pianura, vedemmo lampi sul colle. Grosse gocce caddero sulla strada polverosa creando rivoli e disegni. Io dissi: così dovremmo andarcene in giro per il mondo voi ed io, papà.[226]"* Ma le cose, purtroppo non andavano sempre così. Anzi, da come la descrive, sempre nella sua autobiografia[227], la sua fanciullezza dev'essere stata un vero inferno: casa sua era come la canonica del vescovo Vergerus oppure doveva davvero somigliargli molto. *"La nostra educazione si basava per la maggior parte sui concetti di peccato, confessione, punizione, perdono e grazia, fattori concreti nelle relazioni dei bambini coi genitori e con dio.[228]"*

Poi Ingmar Bergman prosegue spiegando, in modo quasi tragicomico, come funzionava il procedimento penale in casa Bergman: *"...Le punizioni erano dunque qualcosa di ovvio, mai messo in discussione. Potevano essere rapide e semplici come schiaffi o sculaccioni ma anche estremamente sofisticate, affinate nel corso di generazioni. Se Ernst Ingmar si faceva la pipì addosso, il che accadeva troppo spesso e troppo facilmente, per il resto della giornata doveva portare una gonnella rossa corta al ginocchio. Il che era ritenuto innocuo e*

---

226 Ingmar Bergman, *Lanterna magica* (pag.249).
227 Ibidem.
228 Ibidem.

ridicolo. Delitti più gravi venivano puniti in modo esemplare: tutto iniziava con la scoperta del delitto. Il criminale confessava davanti al giudice di primo grado, vale a dire alle domestiche o alla mamma o a una delle innumerevoli parenti che in occasioni diverse abitarono nella canonica. Come conseguenza immediata della confessione attorno a lui si creava il gelo. Nessuno parlava né corrispondeva. Questo, credo di capire, per indurre il criminale a desiderare la punizione e il perdono. Dopo la cena e il caffè, le parti venivano convocate nella camera del papà. Lì avevano luogo nuovi interrogatori e nuove confessioni. Poi uno doveva dire quanti colpi di battipanni riteneva di meritare. Quando la punizione era stata decisa si prendeva un cuscino verde dall'imbottitura dura, venivano calati pantaloni e mutande e il criminale doveva sdraiarsi a pancia in giù sul cuscino, qualcuno lo teneva saldamente per il collo e i colpi venivano inferti."

Nel film *Fanny e Alexander*, Ingmar Bergman riproduce esattamente questa scena, che ha per protagonisti Alexander e il patrigno, il vescovo Vergerus e come comparse la madre che lavora tranquillamente a maglia, la ineffabile cameriera e la sorella Fanny che invece assite inorridita e assai apprensiva. Del repertorio di tremende punizioni che Vergerus prospetta ad Alexander manca solo lo stanzino buio dove i mostriciattoli rosicchiavano le dita dei piedi dei malcapitati bambini. *"C'era poi una sorta di punizione estemporanea che poteva essere molto sgradevole per un bambino tormentato dalla paura del buio, cioè l'imprigionamento, più o meno lungo, in un particolare guardaroba. Alma, in cucina, aveva raccontato che proprio in quel guardaroba abitava un piccolo essere che mangiava le dita dei piedi ai bambini cattivi. (...) questa forma di castigo smise però di terrorizzarmi quando escogitai di nascondere in un angolo una lampada tascabile dalla luce rossa e verde. Se venivo rinchiuso tiravo fuori la lampada, dirigevo il fascio di luce contro la parete e m'immaginavo di essere al cinema.*[229] "

Quando un quasi incredulo Alexander chiede al vescovo: *"Perché devo essere punito?* Pare che davvero che non si renda conto di aver commesso un qualsiasi reato. Il vescovo Vergerus risponde, ragionando: *"Ma la ragione è ben evidente, ragazzo mio. Tu sei debole di carattere e non sai distinguere la menzogna dalla verità. Sei ancora un bambino, le tue bugie, pur terrificanti e assurde sono quelle di un bambino, ma presto sarai un adulto, un uomo, Alexander, e la vita punisce i bugiardi senza amore né scrupolo. E punendoti ti insegnerà ad amare e a rispettare la verità."* Se non è autobiografismo questo! In questo film, e a proposito di autobiografismo, Ingmar Bergman parafrasa Strindberg quando diceva che: *"...forse gli avvenimenti terribili che ho vissuto sono stati messi in scena per me, per permettermi di diventare drammaturgo.*[230] " Anche lui, quando si irritava contro qualcuno, aveva cominciato a dire, come faceva il suo maestro Strindberg: *"Attento marrano o ci rivedremo nel mio prossimo dramma. "*

ALTRI TEMI TRATTATI

Il film riprende molti dei temi cari alla filmografia di Ingmar Bergman. A parte il tema dell'autobiografismo[231] e del rapporto

---

229 Ingmar Bergman, *Lanterna magica.*
230 August Strindberg, *Diario occulto.*
231 August Strindberg, che Ingmar Bergman considerava suo maestro

tra sogno e realtà (di cui abbiamo già trattato) che, forse restano i due centrali e i più rilevanti dell'intero film, sono presenti:

- il tema pirandelliano del rapporto tra realtà e finzione;

- il tema strindberghiano del rapporto tra vita e scena;

- il tema della maschera;

- il tema della vita e della morte;

- il tema della trascendenza;

- il tema dei rapporti familiari forzati;

- il tema dei rapporti fra i sessi;

- il tema della sessualità.

- il tema dei fantasmi.

"Perché la gente dice che i fantasmi non esistono, quando poi godono a raccontare cose ripugnanti a una persona che ha stanze troppo piccole dietro le sue palpebre.[232]*"*

Degli attori del suo film, tutti assolutamente superbi e *habitué* delle sue scene, Ingmar Bergman scrisse nella sua biografia: *"C'è una soddisfazione quasi sensuale nel lavorare a contatto con persone forti, autonome e creative... Mi capita di provare una forte nostalgia di tutto e di tutti. Capisco quel che intende dire Fellini*[233] *quando afferma che il Cinema è per lui un modo di vivere... A volte è una particolare fortuna essere regista cinematografico."*

---

sosteneva *...l'autobiografismo come unica forma di letteratura.*
232 Ingmar Bergman, *Nati di domenica.*
233 Fellini raccontò un giorno a Bergman l'episodio di Anita Ekberg che, alla fine delle riprese di *La dolce vita*, si mise a piangere e non volle scendere dalla macchina nella quale aveva girato l'ultima scena.

Grande importanza Ingmar Bergman attribuisce alla fotografia che anche qui, come in molti altri capolavori precedenti, è firmata dal grande, inarrivabile, pluri-premiato Sven Nyquist. Il risultato, inutile dirlo, è eccezionale, come in tutti gli altri film del Maestro, del resto. Ingmar Bergman e Sven Nyqvist usano il colore con assoluta maestria, alternando il rosso, per le scene che riguardano la famiglia, al grigio (bianco e nero) per dipingere la freddezza e la rigidità della casa del Vescovo Vergerus.

Come pure risulta importante l'uso dei suoni e, soprattutto, della musica. La colonna sonora riporta in modo funzionale brani del *Notturno op. 27 n. 1* di Chopin, le *Suites per violoncello, op. 72, 80 e 87*, di Britten e del *Quintetto per Pianoforte* di Schumann.

PREMI

Il film vinse 4 premi Oscar, su 6 *nomination* ricevute. Miglior film straniero, migliore fotografia, migliore scenografia e migliori costumi): un primato per un film di lingua non inglese.

Ma, le candidature per il premio al Miglior Regista e alla Migliore Sceneggiatura Originale, entrambe riferite, naturalmente, a Bergman, non furono coronate da successo. Negando, così, al regista l'ultima possibilità di ricevere, e - riteniamo - assai meritatamente, una statuetta personale per una sua opera.

CONCLUSIONE

Il film girato nel 1982, fu concepito da Ingmar Bergman nell'autunno del 1978

"...Mentre mi trovavo in uno stato cupo e miserevole.[234]"

Ma fu scritto nella primavera del 1979 *"...Quando la tensione si era già allentata.[235]"*

Il 12 aprile annotai[236]: "Oggi ho scritto le prime sei pagine di Fanny e Alexander. E' stato davvero divertente. Adesso devo scrivere del teatro, dell'appartamento e della Nonna.[237]"

"La sceneggiatura fu finita l'8 luglio, in soli tre mesi[238]."

Sulla solida base dell'insegnamento di due grandissimi, della letteratura e del teatro, che Bergman non ha mai fatto mistero di considerare, oltre che maestri e modelli, veri e propri ispiratori della sua poetica (Marcel Proust, secondo cui: *"la realtà non si forma che nella memoria"* e August Strindberg per il quale: *"l'autobiografismo va considerato l'unica forma valida di letteratura"*) non poteva che costruirsi il solido principio ispiratore di tutto il film: l'infanzia, ...*"un mondo perduto di luci, profumi, suoni"*, va ricordata e rivissuta, per poter essere conservata per sempre.

Con buona pace degli Immemori. Tutti quelli che dimenticano, troppo facilmente, di essere stati bambini.

---

234 Ingmar Bergman, *Immagini.*
235 Ibidem.
236 Bergman teneva degli appunti sulla stesura e la lavorazione di tutte le sue opere dai quali trasse nel 1990 il libro- diario *Immagini.*
237 Ingmar Bergman, *Immagini.*
238 Ibidem.

Vale la pena di ricordare che l'intera filmografia del Maestro trae la sua ispirazione dall'inesauribile filone individuato nella sua fanciullezza, felice o triste che fosse stata. Dal vissuto di quello stadio iniziale dell'esistenza dell'uomo, ingenuo ma nevralgico; (forse) formalmente semplice, ma sostanzialmente complesso; Bergman ha saputo ricavare film che sono divenuti capolavori immortali.

"L'infanzia è sempre stata la mia principale fornitrice, senza che in precedenza io mi sia preoccupato di sapere da dove arrivassero le consegne. [239] *"*

Ingmar Bergman, dunque, si congeda dalla settima arte con questo   capolavoro, cosciente (forse) di non potersi più superare. *"Me ne ero uscito con una bacchetta da rabdomante ed ero arrivato a una vena d'acqua. Quando trivellai, l'acqua cominciò a spruzzare come da un geiger.*[240]*"*

Probabilmente Ingmar Bergman, nel 1983, alla età di 65, avanzata ma non ancora veneranda, era cosciente che, dopo la creazione di un opera mastodontica come Fanny e Alexander, più che la sua forza fisica stesse perdendo la sua forza espressiva. Ad ogni modo voleva ritirarsi dalla regia cinematografica per concentrarsi sulla regia teatrale e sulla scrittura. Sappiamo tutti come andò. Non riuscì a mantenere la promessa e a stare lontano dal cinema. Dimostrò a tutti, a se stesso e agli attori, che la sua era una bugia.

Nel 2003, vent'anni dopo, smentendo prima di tutto se stesso, Ingmar Bergman è ancora in grado di produrre capolavori, girando *Sarabanda.*

Aveva 85 anni.

---

239 Ingmar Bergman, *Immagini.*
240 Ibidem.

NOTIZIE SUL FILM

Titolo originale	*Fanny och Alexander*
Paese di produzione	Svezia, Francia, Germania Ovest
Anno	1982
Durata	197 min (cinema), 188 min (DVD), 312 min (TV)
Colore	colore
Audio	sonoro
Rapporto	1,66:1
Genere	drammatico, fantastico
Regia	Ingmar Bergman
Soggetto	Ingmar Bergman
Sceneggiatura	Ingmar Bergman
Produttore	Coproduzione: Svenska Filminstitutet, Cinematograph Ab (televisione svedese), Gaumont International (Francia), Svt Drama, Persona Film, Tobis Film Kunst (Germania)
Fotografia	Sven Nykvist
Montaggio	Sylvia Ingemarsson
Musiche	Daniel Bell, Benjamin Britten, Frans Helmerson, Marianne Jacobs
Costumi	Marik Vos

PERONAGGI E INTERPRETI

Pernilla Allwin: Fanny Ekdahl

Bertil Guve: Alexander Ekdahl

Ewa Froeling: Emilie Ekdahl
Gun Wallgren: Helena Ekdahl
Jarl Kulle: Gustav Adolf Ekdahl
Allan Edwall: Oscar Ekdahl
Borje Ahlstedt: Carl Ekdahl
Pernilla August: Maj
Jan Malmsjo: vescovo Vergerus
Erland Josephson: Isak Jacobi
Gunnar Björnstrand: Filip Landahl
Kristina Adolphson: Siri
Inga Alenius: Lisen
Kristian Almgren: Putte
Harriet Andersson: Justina
Anna Bergman: Hanna Schwartz
Mats Bergman: Aron
Stina Ekblad: Ismael
Siv Ericks: Alida
Majlis Granlund: Vega
Marie Granlund: Petra
Sonya Hedenbratt: Emma
Svea Holst: Ester
Kabi Laretei: Anna
Mona Malm: Alma Ekdahl
Lena Olin: Rosa
Gosta Prezuelius: Elsa Bergius
Christina Schollin: Lydia Ekdahl
Kerstin Tidelius: Henrietta Vergerus
Eva Von Hanno: Berta
Pernilla Wahlgren: figlia del vescovo
Angelica Wallgren: Eva
Emelie Werko: Jenny

BIBLIOGRAFIA

- Ingmar Bergman, *Immagini.*
- Ingmar Bergman, *Lanterna magica.*
- Jacques Mandelbaum, *Ingmar Bergman, Maestri del cinema. Cahiers du cinema.*
- Soren Kierkegaard, *Aut-aut.*
- Sergio Trasatti, *Ingmar Bergman.*
- Olivier Assayas e Stig Bjorkman, *Conversazione con Ingmar Bergman.*
- Jean-Luc Godard, *Monika, Arts,* n.680, 30 Luglio 1958.
- Sergio Arecco, *Ingmar Bergman, Segreti e magie.*
- Antonio Costa, *Ingmar Bergman*, Marsilio, Venezia 2009.
- Giovanni Invitto, *Tempi del cinema, tempi nel cinema. Tra filosofia e psicoanalisi.*
- Jean-Luc Godard, *Il cinema è il cinema, Garzanti, Milano 1981.*
- Gian Luigi Rondi, *Rivista del Cinematografo, 6, 1958.*
- E. Rohmer, *Cahiers du Cinéma*, 94, 1959.
- Alfonso Moscato, *Ingmar Bergman, La verità e il suo doppio.*
- Claudio Papini, *Ben ritrovato, Ernst Ingmar!*
- Gian Luigi Rondi, *7 domande a 49 registi.*
- Salvatore M.Ruggiero, Il Genio di Uppsala, Il grande cinema di Ingmar Ernst Bergman spiegato a chi lo ignora.

INDICE

www.ingramcontent.com/pod-product-compliance
Lightning Source LLC
Chambersburg PA
CBHW062208280526
45788CB00001B/498